新装版
晩年の親鸞

細川　巖

法藏館

晩年の親鸞　＊　目次

正像末和讃を読む

晩年の親鸞

はじめに

私は聞法の初期から、親鸞聖人の主著は『教行信証』六巻であり、その他の著作は主著にくらべるとさほど重要性をもたず、とくに仮名聖教とよばれる晩年の著作は、初心者に対する啓蒙的なものと考えてきた。したがって聖人の教えを本格的に理解するためには、この主著を主軸とし、これを補うものとして三帖和讃や『愚禿鈔』などを加えて解明してゆく行き方が本格的なものであると思っていた。

しかし、最近の約十年間に、正像末和讃をはじめ、『唯信鈔文意』、『一念多念文意』その他、聖人晩年の著述のほとんどすべてを講読する機会に恵まれて、その大部分をくり返し、読み返すことができた。その結果、聖人の教えを全体として理解するためには、前述の『教行信証』中心の行き方では不充分であることを痛感するようになった。

聖人の教えは、『教行信証』の教学を基礎篇とし、晩年の著述（消息をふくむ）を、その基礎篇をもとに生活された結果を述べた実践篇として併せて解釈するとき、はじめて明確となるのではなかろうか。

この一書はこの一事を述べて、識者の教示を得たいと思うものである。

およそ、一人のすぐれた人の思想の展開や、学問的思考の進展について全体的に理解するには、あるいはそれを前期と後期に分け、あるいは第一段階、第二段階などに配分して論究することが適当な場合が少なくない。

しかし、親鸞聖人の場合には、このような考えは適用されていない。『教行信証』六巻をもって完全無欠な立教開宗の書として尊重し、この書完成以後の聖人の信の進展などを論ずることはほとんどなかったように思われる。

その理由は、『教行信証』が聖人の畢生の著述であり、いわば生涯をつらぬいて推敲を重ね、検討をつづけられたものであって、その内容が、比類のないすぐれた聖教であるからであろう。これ以上の深い世界や、内容がこの著述以後にあるとは到底思われないからである。

けれども聖人自身は、『教行信証』行巻に「信力増上」という『十住毘婆沙論』浄地品の一節を引用し次のように述べられている。

菩薩初地に入れば、諸の功徳の味を得るが故に、信力転増す。是の信力を以て、諸仏の功徳無量深妙なるを籌量して、能く信受す。是の故に此の心亦多なり、亦勝なり。信力とは信心の働きをいい、具体的には信知、信受、信順であろう。この三つの働きが増し、深まって、仏法をさらに深く信知し、信受し、その教えによく信順して、より深い信に安住するようになる。これが信力増上である。

周知のように、この信力増上は、『十住毘婆沙論』の原典である『十地経』では信心増上となっており、龍樹は『十住毘婆沙論』浄地品第四にこれを信力増上としてとりあげている（小著『十住毘婆沙論』法藏館、九五頁参照）。

浄地は浄治であり、治は修行である。龍樹によると菩薩は信力増上以下二十七の法を行じて「一心、不放逸、常に行じ常に観じて諸の過悪を除く」と述べ、浄治の行が初地の菩薩だけでなく、すべての菩薩の行であるといっている。

この二十七法を略記すると、上述の「信力増上」が総称で、「深行大悲」以下がその内容であるが、「深行大悲」の次には「善を修する心が倦まず、四摂事、十善、六度、その他十地の行などの功徳を怠りなく修めようとし」「妙法を思惟し修習して深く法味を得」「諸仏菩薩を善知識として常に親近し」「慚愧と恭敬と柔軟心をもち」「空、無相、無願の三解脱の法を観ずることを楽しみ」「一心に仏法をより深く聞法し」「利養を貪らず」「姦欺諂誑の心を離れ」「虚妄、慳貪、狂乱、愚痴に陥って仏家を汚すことなく」「仏を欺かず」「深く仏智をねがい」「求法の心が山のように不動であり」「常にすぐれた教法を求めて初地よりも上地の法を修め」「世事を楽しまず、出世間の真実道を楽しむ」などとある。

聖人はこの二十七の行法のはじめの信力増上と深行大悲の二法を行巻に引用した。それは、この二つをもって他のすべてを代表させるとともに、この浄治の行が、南無阿弥陀仏の仏徳によって願力自然に展開し、菩薩の信が、仏徳によってさらに深まり、進展してゆくことをあらわすために、行巻におかれたものといわれている。

この「信力増上」に注視すると、聖人が『教行信証』六巻を一応完成されたのは、七十五歳前後であろうといわれているから、この年以後、九十歳で逝去されるまでの十数年の歳月の間に、聖人が「信力増上」「深行大悲」の行を展開されていったことを疑うことはできないであろう。

晩年の聖人の行実を、『真宗年表』(大谷大学編、法藏館)でみると、八十四歳の善鸞義絶以降では、その年に『往生論註』の加点、『西方指南抄』の書写、『往相廻向還相廻向文類』の著述などが記されている。

これらは、曇鸞および法然二聖の著書、または行実がのべられたもので、このことから聖人の「親近善知識」「妙法を思惟し修習する」信力増上の様子をうかがうことができる。

さらに八十五歳、八十六歳には、『唯信鈔文意』の書写、『一念多念文意』の著述、『尊号真像銘文』の著述、正像末和讃の作製、『選択本願念仏集』(延書)の書写などが記録されている。

これらの著述等によって、聖人が『教行信証』の完成以後、かなりの年月にわたって、さらに仏法を尋ね、善知識の教えを追求して、深い天地に進まれたことを知ることができる。この晩年の聖人の進展の様子を明らかにすることなしには、聖人の信の全体を窺うことはできないのではなかろうか。

今、その具体的な内容を明らかにすることができたならば、晩年の聖人の行実は、『教行信証』の教学的基礎の上に聖人自らが実践された信力増上の実践篇としての意味をもち、聖人の教えを生涯を通じて全体として認識することのできる重要な資料としての意義を発揮するものと思われる。

聖人の晩年において顕著にあらわれているが『教行信証』ではあまり強調されていない信境、それは一つには称名念仏のすすめ、二つには仏恩報謝のまこと、そして三つには宿業の諦観であろう。

この三点が『教行信証』以後の、聖人の「信力増上」の具体的内容であると思う。このことを明確にすることができたならば、聖人の信心の全体像を明らかにし得るのではなかろうか。これを試み、江湖の批判を仰ぎたい。これが、この一書の趣旨である。

聖人の「信力増上」を論ずるにあたって、蓮如上人を例にあげておきたい。上人の教えは、『御文章』を中心に考えると、信心獲得が中心であり、「聖人一流の御勧化の趣は信心をもて本とせられ候」(五帖目十遍)とあるように「信をとれ」「弥陀をたのめ」の教えが上人の一生を通じての教化の眼目であったと理解される。

しかし『御文章』の大部分は上人の六十台のものであり、七十代、八十代のものは極めて少ない。上人の晩年の教化は『蓮如上人御一代記聞書』約三百条に明らかであって、この書には、上人七十五歳から八十五歳の最後の約十年間の言行がおさめられている。

この『蓮如上人御一代記聞書』と『御文章』の内容を比較すると、そこには明らかに大きな相違点が見出される。したがって蓮如上人の教えの全体像を明確にするには、その相違点をよく知り、とくにその晩年の信境の進展を明確に把握しておくことが肝要であろう。この点を忘れると甚だ偏ったものになる懼れがある。

現在でも、蓮如上人に対する誤った評価が一部の文化人にあるのは、この『蓮如上人御一代記聞書』を無視した結果によるものといえよう。

上人は晩年には、「本尊は掛けやぶれ、聖教は読みやぶれ」と対句にいわれ、幼い者には「まづ物を読め」とすすめ、「聖教をすきこしらへ持ちたる人の子孫には仏法者いで来るものなり」と、読誦聖教を強くすすめられた。また、念仏を申すことを勧励し、『蓮如上人御一代記聞書』の第一条は「道徳はいくつになるぞ、道徳、念仏申さるべし」という念仏のすすめの条で始まっているほどである。

その他、宿善、無宿善に対する考え方や、門徒に対する姿勢、如来聖人への報謝の情など、上人の晩年の信境は『御文章』からでは想像できないようなものが記載されている。これらは上人の「信力増上」の具体的内容といえるものではあるまいか。

上人の教化の内容が晩年においてかわっていることには、もちろん、時代や環境の影響があることを無視するわけにはゆかない。応仁の乱が治まって平和が恢復し、教団の基礎が固まって、山科本願寺をはじめ多くの寺院の設備も整い、指導者も多く成長したという状況の変化が、上人の教化に多くの影響を与えたにちがいない。

しかし、さきにあげた内容は、そのような外的条件の変化によって起ったものでなく、上人の内的変革によって生じたものというべきであろう。上人の「信力増上」によるものと述べた所以である。

親鸞聖人は、前述のように八十代で大きくかわられた。それは上記のように三点にまとめられよう。

今、その第三の宿善の諦観について触れておくと、『教行信証』には宿業の文字は見られない。これは『歎異抄』にだけ出てくる文字であり、それも第十三章と後序にだけ見られるものである。

後序では「聖人のつねの仰せ」として「弥陀の五劫思惟の願をよくよく案ずればひとへに親鸞一人が為なりけり。さればそくばくの業をもちける身にてありけるを助けんと思召したちける本願のかたじけなさよ」とある。これは『口伝鈔』にも同じ主旨の記載があり、第七「凡夫往生の事」の中に「五劫の思惟も兆載の修行もたゞ親鸞一人が為なりと仰言ありき」と言われている。このことは、『歎異抄』の著者も『口伝鈔』の著者も、聖人の側近にいて同様の仰せを承っていたことをあらわすものであろう。

『歎異抄』の「そくばくの業を持ちける身」は『口伝鈔』では「凡夫」といわれ、また「善悪二業の事」の章では「宿悪重き者」「かゝる浅ましき三毒具足の悪機としてわれと出離に途《みち》絶えたる機」などと述べられている。これらは聖人の晩年における深い懺悔をあらわすもので、宿業の身を諦観されたことばである。この宿業の諦観凝視、そして念仏こそ信力増上の極みであり、同時に仏恩報謝のこころと離れないものである。

聖人の皇太子聖徳和讃の次の一首にはふかい深行大悲のこころがあらわれている。

他力の信をえんひとは
仏恩報ぜんためにとて
如来二種の廻向を
十方にひとしくひろむべし

このような利他行の展開の強調は、この一首以外にはみられず、これを他に求めることができないものである。

ここに『十住毘婆沙論』浄地品の信力増上の実践が晩年の聖人の上にあらわれていることを知り得るであろう。したがって上来述べたように、聖人の教えの全体を窺う上には、『教行信証』六巻をその教学の基礎とし、これを根幹とするとともに、晩年の著作とくに正像末和讃、『歎異抄』そして仮名聖教をもって、信力増上の跡を尋ねてゆくことが大切である。聖人の教えの原点はここにあるといわねばならない。

なお後の正像末和讃についての一文は、晩年の聖人のこころを窺う上では、蓮如が開版した文明本は極めて不適当で初稿本（顕智）が適当であることを論じている。すべてことの真意を知るためにはテキストの吟味を怠ってはならない。このことの重要さを考えて述べた。これもまた、識者の批判を期待したい。

晩年の親鸞

真実仏教の開顕

信力増上の晩年

親鸞聖人の晩年の生活は、念仏と感謝と宿業の諦観が中心であったと窺える。このことについて述べたい。

ここに晩年というのは、聖人が九十歳で亡くなられる前の十年間、すなわち八十代の聖人を念頭においている。おおよそ、一人の人の思想や信仰を理解するには、その主論文や著作のほかに、断簡零墨といわれるようなわずかな文章にいたるまで見落しのないように努めることが大切であるとともに、その生涯、とくに晩年の思想や生活に注目すべきであろう。

一般に晩年というのは、その一生のつづまりである。一年のはじめの春は発芽期、夏は成長期、秋は熟成期であり、冬はその成実期にあたるといえる。聖人の教えをふかく理解するためには、その晩年の心境や生活を知ることがそのつづまりを明らかにする上で大切であるといわねばならない。またわれわれ自身の生き方として、聖人のこの晩年の成実期のあり方が、夏や秋の時節にある者にとってすぐれた模範であるとともに、とくに老境に近づく者のためには貴重な指南となるにちがいない。聖人の晩年の信力増上のお姿は、後続のわれらのための尊い示教であろう。

親鸞聖人の教えの要点は、一応『教行信証』、あるいは浄土和讃、高僧和讃などに明らかにされており、とくに『教行信証』は立教開宗の書として重要であるが、これらは、だいたい七十代から八十代のはじめの著述であるといえる。聖人は、その後約十年間、晩年の生活を送られた。この間の進展というか、信力増上というか、聖人が八十代でさらにどのようにふかく歩まれていったのか、その足跡を窺うことは、上述のように聖人を理解する上で、たいへん有意義なことであると思われる。

聖人の地上最後の十年間は、念仏と感謝と宿業の諦観に中心があった。私はこのようにいうことができると思う。

『教行信証』の完成

まず始めに、聖人の七十代をみると、この時期の聖人の大きなお仕事は、もちろん『教行信証』の完成である。聖人の七十代の前半は、その達成のために費やされたため、他の著作はほとんどみられない。

『教行信証』の著述は、聖人五十三歳、法然上人十三回忌の折に、関東の稲田で着手されたという。そして聖人が六十三歳で関東をあとにし、京都に帰られてから後、だいたい七十五歳頃一応完成されたといわれている。『真宗年表』(大谷大学編、法蔵館)に、この年、尊蓮が『教行信証』の自筆本を書写したと記録されていることからみて、これはかなり事実に近いものと思われる。そうとすれば、聖人は五十代のはじめから二十年以上の年月をかけ、気力と体力のもっとも充実した時を『教行信証』の作製にそそいで、これを完成されたといえる。しかも、その後もかなり長い間これを推敲されているから、『教行信証』は、いわば聖人の生涯かけての著作であるということができる。それを七十代の前半で一応完成されたのである。

この書の題号は周知のとおり、「顕浄土真実教行証文類愚禿釈親鸞集」である。この「顕」の読み方に二通りあって、〝浄土真実の教行証を顕した文類を愚禿釈の親鸞が集めた〟、つまりすでに、龍樹、あるいは七高僧といわれる方々が、浄土真実の教行証の文類を明らかにされた、それを親鸞が集めた。そういう読み方が一つある。もう一つは、〃浄土真実の教行証文類を私が顕らかにする〃という読み方である。いずれにしても、この「顕」というところに、ふかい使命感というか、ぜひ真の仏教を顕らかにしたいという願いがこめられている。

何を顕らかにしたいのか。それは、真実の教行証である。教行証というところに仏教の内容がある。教えとは仏となる教え、その教えの中身は、行証である。行は仏となるための行業であり、行の心根が信、信が行の根本にある。行信のなりたつところ、そこに救いと悟りが生れる。これが証である。

仏教という内容は、教・行・証、この三つがそろってはじめて仏教といえる。しかし現在の仏教は、「行証久しく廃れ」(『教行信証』化身土巻)て、教はあるけれども、本当の実行、そしてそれによって前進し、本当の救いを得、悟りを得る、そういう証が実際には得られていない現状である。

そこで本当の仏教を顕らかにしたい。この書の題号の「顕」の一字には、そういう聖人の使命感があふれている。このため、浄土真実、すなわち如来浄土から賜る廻向の、その真実まごころがわれわれに届いて、教行証が成就し、そこに真実仏教が成り立つ。そのことを明らかにしたい。そのふかい願いがこの題号にこめられている。

七十代の親鸞聖人を貫くものは、このふかい使命感である。どうしても果し遂げたいこと、それは真の仏教をあきらかにしたいという一事であった。そしてついに『教行信証』六巻の著述を完成された。今日、この書を読む者は、そこにこもる聖人の願いというか、躍動する聖人の気迫に圧倒される思いを持たざるを得ない。この書をいただくとき、私はいつも、自分自身がまだ七十代ぐらいの年代でボヤボヤしていてはいけない、しっかり求道精進しなければ聖人に申し訳ないと教えられるのである。

さて、この書の題号は「顕浄土真実教行証文類」となっているが、普通は「教行信証」という。それは、教行いたり届いて信証を生ずる、つまり教行信証、これが真実仏教であるからである。普通の仏教、あるいは一般の宗教は、創価学会であれ、キリスト教であれ、教信行証の宗教である。教えを信じて、行じて、救い、あるいは悟りを得る宗教である。しかし真実宗教はそうではない、本当の宗教は、教行信証なのだ、それを明らかにしたい。これがこの書の使命である。真実の教行信証は、如来浄土の廻向によって成立する。そこに本当の仏教があるのだ。教えの中にこもる如来の働き、それが行であり、この教行が人間にいたり届いて信と証を成就する。それをあきらかにしたい。そういう願いをもって著されたのが、「顕浄土真実教行証文類」、略して「教行信証」である。

このことを生涯かけて明確にしようとした聖人の願いの結晶が、『教行信証』であり、これを聖人は七十五歳ぐらいまでにほぼ完成されたのである。

浄土和讃・高僧和讃の製作

聖人の七十代の第二のお仕事は、浄土和讃・高僧和讃の製作である。

これは『真宗年表』によると、聖人の七十六歳頃から始められ、だいたい八十歳ぐらいで完成されて、それからくり返し再検討された。つまり訂正し、書きかえ、補充して、ついに八十二歳頃完成されたとされている。

和讃とは、一つには、和語讃詠、二つには和解讃嘆という。和語は、漢語に対して国語、漢文に対して和文。浄土三部経も七高僧の教えも、原典は全部漢文である。現代でも漢字だけ並んだ漢文は非常に読みづらい。漢文を読める人は少なくなった。聖人の時代では大半の人が漢字は読めなかった。したがってほとんどの人にとって仏教書はまったく縁のない存在であった。それを、ひらがな、つまり和語で、その大事なところを要約し、七五調四句の歌にして、覚えやすく、読みやすいように作られたものを和語讃詠という。うたうとさらに覚えやすい。

和解讃嘆というのは、和はやわらげる、つまり、むつかしい言葉の意味をわかりやすく解釈して、理解しやすくする。そのため聖人の和讃の漢字にはかながふってある。それが右側にある。左側には左訓といって、そのわけがらが書いてある。このように右側のふりがなと左側のわけがらで、漢字の読めない人も、かなさえ読めれば、浄土の三部経、その他のお経、また七高僧の論釈、そういう教えの要旨をいただくことができるようにされたのが和解讃嘆である。

まことにすぐれた人は、すぐれた教育者であることがわかる。

こうして経典や論釈など一文字も読めない人のために、その意味を和讃にして、わかりやすく理解できるように二百数十首の歌をつくられた。浄土和讃、高僧和讃がそれである。これらは実に、経論釈のこころをよく伝えた格調高いすぐれたものである。

今、仮に、最初の三年間で二百数十首の和讃の原稿をつくり、後の三年でこれを推敲されたとすると、一年に約八十首、一月に約七首、したがって四日に一首あて、作製または推敲された計算になる。この和讃をつくるには、経論釈の重要点をえらび、それを意訳し、さらに七五調四句の歌にする作業が必要で、かなりの時間と労力を要する。四日に一首それができるということは、あるいは聖人は、六年間、ほとんど毎日、一日の大半をこのために費やされたのではなかろうか。それが浄土和讃、高僧和讃である。これを七十代の後半から八十代の始めにかけて完成された。

聖人の七十代はこのように、前半は『教行信証』の完成、後半は浄土和讃、高僧和讃に力を注いで、自信教人信のため充実した生き方であったということがわかる。

聖人の肖像画に安静《あんじょう》の御影というのがある。安静というのは、安らかな寂静の御姿をいうが、実際は、愛知県の安城という所で伝えられていたので、今日一般には安城の御影とよばれている。その肖像画は、非常に御満足なお顔の座像である。八十二、三歳頃、和讃の再検討が終った頃に描かれたものと伝えられている。自分がやりたいと願っていたことをすべてやり遂げることができ、まことに御満悦であった聖人の姿が、この御影ににじみ出ているように思われる。

聖人の使命感

以上のことから聖人の七十代を考えると、くり返すように、それは大きな使命達成の十年間であった。聖人には自分が果さねばならない使命があった。それは一つには『教行信証』を著述して、真実仏教を顕わすとともに、あわせて師法然上人の真意を天下に明らかにしたいということであった。

法然上人は、さきに『選択集』を著し、浄土宗をひらかれた。そのためにいわゆる承元の法難をうけて、吉水の教団は解散され、自分御自身も、主な弟子たちとともに罰せられ、上人は土佐に流罪の身となった。

この法難の原因の一つは興福寺の訴状にある。笠置の貞慶《じょうけい》が作った弾劾文の最初には「新しい宗派を作る失」があげられている。すでに仏教には八宗の宗派があり、華厳あるいは涅槃、その他の仏教経典を中心として、仏教の教団はできあがっている。そこにさらに浄土門という一派を新しく立てて、念仏宗を独立させようとする。それはまったく誤りである。念仏は各宗ともにすでに実行している。こういって貞慶が中心となって朝廷に訴えて、責任者である法然を処罰せよと申し出た。それが採用されたのである。したがって念仏中心の浄土宗を作ることは間違っているという裁決がでたのであって、法然上人の浄土宗独立は誤っているというのが朝廷の結論であった。

もう一つは菩提心の問題である。法然上人は念仏一つを強調して菩提心を無視し、念仏門では菩提心を必要としないといっているという非難、これは明恵《みようえ》上人の『摧邪輪《ざいじゃりん》』に出ている。上人はかねて法然上人を尊敬していた。けれども『選択集』を読んで、こういう間違った教えはどうしても摧破しなくてはならないとして、『摧邪輪』を出版した。その中心点の一つは、「菩提心がいらないというような教えは邪教である」ということで「菩提心がなければ仏教は成立しない、浄土門であれ聖道門であれ、仏教においては菩提心が根本だ」と力説している。

これは貞慶の非難とはちがって、念仏門に対する仏教内部の専門家からの教理についての批判である。念仏の根本をついた、厳しい教理上の反論である。

明恵上人はさらに、『摧邪輪』に、「法然はひとえに善導大師に依ってこの浄土門の教えを領解し、偏依善導一師と自ら言っている。私は、法然が善導の言ったとおりにそのまま言っているのなら、たとえ法然が間違ったことを言っていても、とかく異論はいわない。それは善導が誤っているからである。けれども、実際には法然は、善導の言わないことを自分勝手に言っているではないか。たとえば善導は、聖道門を群賊悪獣とは言っていない、それであるのに法然は、勝手にそのように言っている」と、例をあげて叱責している。

こういう大きな非難の中で法然は亡くなった。上人はいのちをかけて念仏の一宗を独立させ、『選択集』にその真意をあらわしたのに、それらはついに理解されず、このような四面楚歌の只中で、一言も反発することなく地上を去ったのである。

上人の教えによって救われた者は、どうしても師の説の真意を明確にし、これらの仏教界の弾劾に対し反論して、上人の正しい意味を明示したいと念ずるのが当然である。師法然のこころを顕したい、これが親鸞聖人においてぜひとも果し遂げたい願いとなっていたにちがいない。

法然上人の志を明らかにする、そのままが真実仏教を顕すことである。それが、「顕浄土真実教行証文類」を著述された動機であろう。

真実仏教の伝道

さらに聖人の使命はこの真実仏教を多くの人々に伝えることであった。『教行信証』の最後をみると、道綽禅師の『安楽集』のことばを引いて次のように言われている。

真言を採集して、往益を助修せしむ。何となれば、前に生れん者は後を導き、後に生れん者は前を訪ひ、連続無窮にして、願はくは休止せざら使めんと欲す。無辺の生死海を尽さんが為の故なり、と。

正しい本当のことば、真実の教えを集めて、往生浄土の利益を多くの人たちにすすめたい。「願はくは休止せざら使めんと欲す」、ここには聖人の使命感があふれている。

したがって聖人はまず『教行信証』を完成させ、法然上人の真意を明かし、真実仏教を顕らかにするとともに、次にその教えをわかりやすく、読みやすいように、歌にされている。

釈迦・弥陀は慈悲の父母
種々に善巧方便し
われらが無上の信心を
発起せしめたまひけり

このように、七五調四句にして、覚えやすく、誰でもうたえるような和讃を作られた。

この浄土和讃、高僧和讃の最後は、次のような和讃をもって完了している。

五濁悪世の衆生の
選択本願信ずれば
不可称・不可説・不可思議の
功徳は行者の身にみてり

この和讃につづいて、次に七高僧の名をあげ、さらに聖徳太子の名前をあげ、最後は、

南無阿弥陀仏をとけるには
衆善海水の如くなり
かの清浄の善身にえたり
ひとしく衆生に廻向せん

これを廻向文という。

廻向文というのは、著述の最後に述べる自己の願いである。聖人は、ここで人々のためにこれらの和讃を書き終って、自ら「衆善海水の如くなり」とよろこび、この善根をひとしく衆生に廻向してよろこびを皆と共にしたいと願われた。

聖人の七十代の十年は、このように聖人の使命感が発露され、完成された時期であった

ということができよう。

称名念仏のすすめ

すぐれた人の生き方を学ぶ

ここでは八十代の聖人の歩みをたどってみよう。聖人は八十四歳のとき、善鸞を義絶し、大きな悲境に立たれた。そしてこの悲劇を跳躍台として大きく飛躍し、九十歳で地上の生を終えられた。この最晩年の聖人の生活は、念仏と感謝と宿業の諦観であったといえよう。

『菜根譚』（中国の儒者洪応明の著）に次の文がある。

日既に暮れて、しかも猶、烟霞絢爛たり（中略）故に末路晩年、君子は更によろしく、精神百倍すべし。

太陽はすでに西に沈んだ。けれども空一面があかあかと燃えた雲霞で飾られている。まさにそこに人間最後の輝きの姿がある。道を求める者は生涯の最後にあたって、一層精神百倍して精進すべきである。

おおよそそういう意味であろう。聖人の晩年を偲ぶにふさわしい句であると思う。人は、すぐれたお方の生き方を学ばねばならない時が少なくとも二回ある。一つは人生の山を登る時、もう一つは山を下りる時である。

山を登る時とは、自分が若い時、すぐれた人の二十代三十代の歩みを学ぶことをいう。できるだけ人生の早い時期に、すぐれた人の若い時代の生き方を学ぶことが自己の成長にとって大切である。

そしてもう一つは、山をどう下りてゆくか、その下り方を学ばねばならない時がくる。山を下りる時とは、末路晩年のことである。すぐれた人が地上を去ってゆく晩年をどのように過されたかを学んで、自分の指針とする。そこに願わしい生き方があろう。

親鸞聖人の最晩年は、求道の精神さらに百倍し、仏法をよろこぶこころを深めて生きぬかれた。その内容はくり返すように念仏と感謝と宿業の諦観の三つを柱としたものといえるのではなかろうか。ここにわれらを教える大きなものがある。

八十代の著書

そこで八十代の聖人を知ることのできる文献にはどういうものがあるか、まずわれわれの持っている真宗聖典に適当なものをたずねてみよう。

一つは『浄土文類聚鈔』である。『浄土文類聚鈔』は略文類ともいう。略文類は広文類に対するもので、広文類とは『教行信証』六巻、「顕浄土真実教行証文類」をいう。『浄土文類聚鈔』を著述された時期についてはいろいろ説があり、八十歳説、八十三歳説、八十五歳説もある。反対に『教行信証』より以前、若い時の作という説もあるが、これは誤りだと思う。内容からみて、これは晩年の作であることはまちがいないであろう。

この略文類と広文類を比較すると、八十代の聖人の特色を知ることができよう。つまり聖人の晩年八十代、君子いよいよ精神百倍して向かってゆかれたその御様子を、聖人自身の書かれたもので検討するには、一つには『教行信証』と『浄土文類聚鈔』との差を調べることである。八十代でつくられた『浄土文類聚鈔』と、七十代でつくられた『教行信証』との間に大きな差違があれば、そこに領解の進展というか、信力増上というべきものがみられるのではないだろうか。

また、さらに有力な文献は正像末和讃である。これはまちがいなく聖人八十五歳から八十六歳までにつくられたものである。この正像末和讃とさきの浄土和讃、高僧和讃を比較すると、また、晩年の聖人の特徴を知る手掛りが得られるにちがいない。浄土和讃、高僧和讃と正像末和讃の相違点を見ると、聖人の晩年の充実が明らかになるであろう。

この二種の著作のほかに、さらに有力な文献をあげるとすると、『歎異抄《たんにしょう》』を忘れてはならない。『歎異抄』は聖人が書かれたものでなく、御弟子が書いたものである。けれどもこれは間違いなく晩年の聖人のことばを述べたものである。それは『口伝鈔《くでんしょう》』とよく似た箇所が六ヵ所あることから窺える。『口伝鈔』は、聖人の孫の如信《にょしん》が聖人について言ったことを本願寺三代上人の覚如《かくにょ》が聞いて書き記したものである。この『口伝鈔』と『歎異抄』によく似ているところがあるということは、聖人のおっしゃったことを如信も聞き、また同時に、『歎異抄』の著者も聞いたものといえる。少なくとも同じ頃に聞いたものであろう。聖人が九十歳で亡くなられた時、如信は二十七歳であった。聖人がおっしゃったことを如信が理解し、それを覚えていたであろう年齢を仮に十七歳頃からとすると、そのとき聖人は八十歳であり、もし二十歳頃からとすれば聖人は八十三歳ということになる。

いずれにしても、『口伝鈔』も『歎異抄』も聖人の晩年、八十代の頃のものであることはまちがいない。したがって晩年の聖人の信境を知る上で、『歎異抄』は決して欠かすことのできない文献であるといわねばならない。

『浄土文類聚鈔』と『教行信証』

この書については稲葉秀賢師の『浄土文類聚鈔の研究』（文栄堂）があり、以下これを参考としている。

『浄土文類聚鈔』では、初めに「『往相廻向』と言ふは、往相に就て大行有り亦浄信有り」となっている。

廻向というのは、聖人の教えの中心になる教義で、如来廻向、または他力廻向という。如来が自己の全体を南無阿弥陀仏としてわれわれに届けてくださる、それを如来廻向という。その廻向によって、往相、すなわちわれわれが浄土に往生してゆくことが可能になる。それを往相廻向という。

この南無阿弥陀仏に清浄真実がある。われらの人生に成立する真実はこの如来の真実のみである。如来は南無阿弥陀仏となって私にいたり届いて、私の上に本当に清浄真実の心を与えてくださる。その心を信心という。これを他力の信という。私にいたり届く南無阿弥陀仏の働きを大行という。如なるものが如来として私の上に働いてくる、それが大行。大行が私にいたり届いて清浄真実の心が成り立つ。この信を生むその働きが大行である。

往相の廻向には、大行のほかに、同時に浄信もある。これが『浄土文類聚鈔』の表現である。大行と浄信、どちらが中心かというと、この文では大行が中心。信心はそれに附随している、それゆえ「亦《また》」といってある。亦は「も亦」といって、大行のほかに浄信も同時にあるという意味である。

このように、『浄土文類聚鈔』では大行が中心で、信は大行に随ったものとなっている。つまり主ではなく副である。これが特徴である。しかし『教行信証』では違う。『教行信証』では往相の廻向に二つあって、一つには大行、二つには大信で、二つ並べてある。行巻に、「謹んで往相の廻向を按ずるに、大行有り大信有り」とあるのがそれである。『浄土文類聚鈔』では大行が力説されている。『教行信証』では大行と大信が並列してある。

大信とは何か。大信とは、南無阿弥陀仏の働きの中にこもる如来の真心をいう。「大行有り大信有り」、この二つは離れない。したがって、南無阿弥陀仏の大行が衆生にいたり届くと、必ず大信もいたり届くのである。この大信が強調されているのが『教行信証』である。これに対し、『浄土文類聚鈔』は大行重視、南無阿弥陀仏が廻向の根本として重視されている。私はこの点が、晩年の聖人の信境を窺う上での根底となるものと思う。

さらに、『浄土文類聚鈔』では偈は念仏正信偈といわれ、『教行信証』では正信念仏偈とよばれている。正信念仏偈は、「帰命無量寿如来　南無不可思議光」から始まる。『浄土文類聚鈔』では「西方不可思議尊　法蔵菩薩因位中」で始まる。内容はよく似ている。しかし『浄土文類聚鈔』では聖人はこれを念仏正信偈といわれている。

正信念仏偈は、聖人自身これを略して、正信偈と言われた。それは正信に中心があるとのお考えである。正信の念仏なのである。また正信して念仏する。あるいは、念仏を正信する。このように幾通りかに読めるが、すべて正信が中心。だから正信偈と申された。その読み方でいえば、『浄土文類聚鈔』の方は念仏偈といえるかもしれない。念仏中心の題号である。

稲葉秀賢師はさきにあげた著書の中で「念仏より他に正信なし」、それが念仏正信の意味だといい、安田理深師は「念仏、それが私の正信です」と述べている（『親鸞における救済と自証』第九巻、東海相応学会）。

この二つの名称は大きく相違している。このように聖人は、『教行信証』では、信心を重要視され、それに対して『浄土文類聚鈔』では大行重視、念仏重視、に変っている。以上の事実は何をあらわしているのか。聖人の考えが変られたのか。それともただの思いつきなのか。これが大切なことである。私は聖人は変られたと思う。正信念仏偈と念仏正信偈ではかなり意味がちがう。ましてさきに申した如来廻向に「大行有り亦浄信有り」、と信は付け加えになっている。これは大変な変化というべきものであろう。

真実信心

正信念仏偈では信心が重要視され、それが、『教行信証』の特徴になっている。さきにも申したように聖人はこの『教行信証』において、真実の宗教を顕らかにしたいと願われた。

真の宗教は、「教行信証」なのだ。教行いたり届いて信証を生ず、それが真の仏教である。すなわち教えの中にこもる南無阿弥陀仏。この大行を聞きひらいて、そこに生れる信心、それは証と離れない。したがって教行がいたり届くところに信証は必ず成立する。これに対し他の諸教は、教と行と証がバラバラであり、末代においては教はあるけれど行証が成就しなくなる。したがって教行証が成立する真実宗教は浄土一門のみである。それを強調されている。そこに新しく浄土一門を建てなければならない理由があった。このようにして、法然上人の主張の正しさを明らかにされた。この浄土門の特徴は教行によって生ずる信にある。これを他力の信という。すなわち「教行信証」が真実宗教の骨格である。これに対し聖道門は「教信行証」であって、この信は自力の信である。それゆえ、聖人は『教行信証』で信を強調された。聖道・浄土二門の相違点は決定的に信の相違に帰する。

また、法然上人は菩提心は不要といわれた。その理由は自力の菩提心はいらないのである。南無阿弥陀仏がいたり届いて生れる真実信心が、他力の大菩提心である。それゆえ自力の菩提心は不要である。このことを述べて明恵の『摧邪輪』の批判に明快に答えられた。

この『教行信証』において、真実宗教を顕示するとともに法然上人のおこころを明らかにしたいという聖人の目的が達成されている。

法然上人は『選択集』において、選択本願の念仏を明らかにするとともに、「必以信心為能入」と、往生の行の根本は信心の成立にあると述べられた。聖人は、上人のこのこころを受けさらに信心も念仏も如来廻向であることを明確にして、浄土門が真実仏教である所以を顕示されたといえる。

普通の宗教は、「教信行証」である。これは本当の宗教ではない。これでは人間は救われない。それは自力の信である。真実信心は廻向の信心であり、真実仏教は他の宗教と比べ信に大きな相違がある。これが『教行信証』では信が重視されている理由である。

信の根本は南無阿弥陀仏

『浄土文類聚鈔』では、どうして大行が中心になっているのか。それは聖人が年齢とともに信の根本である南無阿弥陀仏に立ち帰って、南無阿弥陀仏の大行をいよいよ深くいただかれるようになったからであると思う。

『教行信証』は、いわば対外的に、新しい生命道の論理を展開して立教開宗を宣言し、法然上人のこころを明確にした著述である。

それに対して『浄土文類聚鈔』は、晩年の聖人が、「仏恩窮尽し叵《がた》ければ」、と御恩の深重なるをよろこび、「浄土の文類」を集められた讃嘆の書である。そこでは、仰いでも仰ぐべきは南無阿弥陀仏、謝しても謝しがたきは南無阿弥陀仏と申さざるを得ない世界がひらかれている。このよろこびのこころ、これが晩年の聖人を一貫する思いであろう。

今まで鯉のぼりが、ダラリと垂れ下がっていたのが、風が吹き通ると大きく大空を泳ぎ出す。大空を大きく泳いで、躍動する。この鯉のぼりを動かしているものは何か。それは風である。風が鯉のぼりの中を吹き抜けて出てゆくから、鯉のぼりは泳ぐ。すべて風の働きである。

風が鯉のぼりの中に入ったところを聞という。聞其名号という。腹の中にとどいたところを信という。信心歓喜である。そして、出てゆくところを称名、念仏という。入った風はとどいた風、とどいた風は出てゆく風、すべて南無阿弥陀仏一つであって、聞・信・称の根本である。

ある人は、南無阿弥陀仏と念仏すれば救われるという。しかしそうではない。この人の南無阿弥陀仏は「教信行証」の行で自力の段階にとどまっている。

風の働きが教行。教行がとどいて信心が生れ、信心一つで助かるのだと聖人は教えられた。それが「教行信証」。「諸有衆生聞其名号信心歓喜」。教えを聞きひらいて、信心が生れることが助かることだと教えられた。『教行信証』ではそこを強調されている。

しかし聖人はお年とともに、如来の御恩に思いをいたされ、如来廻向の大行の働きを信心の根本としてさらにいよいよ深くいただかれた。そこを『浄土文類聚鈔』にあらわしているのである。そして「たゞ念仏して弥陀に助けられまゐらすべし」と教えられた法然上人の教えは、ここを言っておられたのだ。本当の教えとは「念仏申せ」という教えであった。一番根本は南無阿弥陀仏であったなあ。本当に南無阿弥陀仏一つであると喜ばれた。そこを「『往相廻向』と言ふは、往相に就て大行有り亦浄信有り」といわれたのであろう。

南無阿弥陀仏が如来廻向の根本、したがって南無阿弥陀仏に仏教の根本がある。『浄土文類聚鈔』全体を考えるとき、南無阿弥陀仏への還帰ということがこの書の中心になっていることに思いいたる。これが聖人の晩年を窺う肝要な一点であろう。「念仏より他に正信なし」「念仏、それが私の正信です」、くり返しくり返しいただくべき教えである。

如来浄土

私は、浄土真宗の現状を考えるとき、浄土真宗は大きな危機に直面していると思う。なぜなら、浄土真宗というけれども、浄土とは何かということはほとんど説かなくなり、また念仏ということをすすめて「念仏申そう」と教える人がほとんどいなくなっているからである。

「浄土と天国とは同じではないか」「浄土は本当はないのではないか」「あるとすればどこにあるのか」「本当はないのだけれど皆を導くために方便としていわれているのではないか」等々、いろんなことを人はいう。それに明確に答えて、浄土というものを明らかにしてゆくということが、現代の浄土真宗ではなされていないのではないか。

かつて龍谷大学に、山本晃紹という先生がおられた。この先生は『歎異抄』や『教行信証』を英訳されている。この先生の書物の中に、「現代人は真宗の話をしている間は、真実宗教ということで一応静かに聞いてくれるけれども、浄土ということを話し始めると、ソロソロ腰を浮かして落ち着きがなくなる。その話を続けていると皆帰ってしまう」とあった。皆は、浄土というものは死んでから先のことだと考え、生きている私にはまだ用事はないと思っている。これは大変なまちがいである。

浄土は如来浄土ともいう。如来が主体であって、浄土は如来の世界である。浄土というのは現代語でいえば、超次元の世界といえよう。主体を如来という。浄土は如来の「場」である。

地球の表面には重力の場がある。だから地球の上ではものを引っ張る力が働いている。したがってリンゴも落ちるし、隕石も落下してくるのである。地球を遠く離れ、その働きの場から離れすぎると無重力となる。

如来がわれらを照らし、如来がわれらを摂取する、その働きの場を浄土という。如来の願いがとどくということが、浄土の働きに生かされるということである。浄土があるかないかということは、如来があるかないかということと同じであり、浄土などあるものかという人は如来を否定しているのである。

如来が大事、如来が中心、しかし如来浄土といってこの二つは離れない。したがって、浄土真宗が浄土を説かなくなった時には、非常に大きな危機がきていると私は思う。今こそ浄土をしっかり説かなくてはならない。浄土を明らかにすることは如来を明らかにすることでもある。

では浄土というのは死んでから先のものなのか。そんなことはない。磁石のあるところに磁場がある。如来ましますところが浄土である。死んだ時に行くのではない。如来は今、現にましします。したがって、浄土というのは現実の場である。われわれが生きている今日において、今、現に如来ましますということが、本当にわかる時、真実仏教とであったといえる。これを浄土に生れるという。如来ましますと本当にわかること、これが仏教の入口、これがわからなければ仏教にならない。浅原才市《さいち》同行が申したように、

「才市、浄土はどこか」

「ここが浄土の南無阿弥陀仏」。如来ましますとわかったら、「ここが浄土の南無阿弥陀仏」である。そして限りなく如来の世界に引きつけられてゆく。ちょうど磁場におかれた釘が磁石に引きつけられてゆくように。それを願生浄土という。そこが往生浄土の出発点である。引きつけられてしまった到達点を往生成仏という。釘は磁石に引きつけられて磁石になる。われらは如来に引きよせられて如来となるのである。往生浄土は、如来ましますというところから始まる。それは生きているうちである。その根本は南無阿弥陀仏。南無阿弥陀仏がわかることが、如来ましますとわかることであり、それが、「ここが浄土の南無阿弥陀仏」となることである。『浄土文類聚鈔』は、南無阿弥陀仏、「ここが浄土の南無阿弥陀仏」ということを力説された書物ということができる。

浄土真宗の危機ということで、もう一つ付け加えておくと、現代は、南無阿弥陀仏がはっきりしない時代である。南無阿弥陀仏を明らかにすることが大事。南無阿弥陀仏が浄土真宗の根源である。このことは後に述べたい。

正像末和讃・疑惑和讃

正像末和讃が、浄土和讃、高僧和讃と違っている点は、「念仏」と「廻向」がくり返し説かれていることであろう。ここに晩年の聖人の領解の特色があるといえよう。

弥陀大悲の誓願を
ふかく信ぜんひとはみな
ねてもさめてもへだてなく
南無阿弥陀仏をとなふべし

私は、聖人にこういう和讃があるとは、実はある時期までまったく知らなかった。親鸞聖人は、信心中心、信心正因と思っていたので、「ねてもさめてもへだてなく」念仏申せという、こんな和讃があったのかとびっくりした。「念仏申せ」は法然上人の教えとばかり思っていた。しかし正像末和讃にこれがある。八十代の聖人は七十代と変られたのである。

でもこれは「弥陀大悲の誓願をふかく信」ずる人に対してのこと、まだ信のない人はそれほどまでしなくてもよいのではないかとも思われる。しかしそうではない。聖人は信心のない人に対してもそう言っている。それが次の疑惑和讃にある。

信心のひとにおとらじと
疑心自力の行者も
如来大悲の恩をしり

称名念仏はげむべし

「如来大悲の恩をしり」とある。まだまだ他力の信にいたらない途中段階の疑心の行者も、それぞれ自分がお育てを被ってきた恩を考え、如来の御恩を被っているということを思って、「称名念仏はげむべし」といわれた。

そうすると、大悲の誓願を信ずる人にも、信じない人にも、同じく「ねてもさめてもへだてなく」「称名念仏はげむべし」と教えられている。これが聖人の晩年の御述懐である。この和讃が再検討されたのは八十六歳で、聖人はその四年後には亡くなられた。いわば死の直前の和讃である。晩年の聖人は、このように、しきりに念仏をすすめられた。そして自らもふかく念仏を申された。南無阿弥陀仏、南無阿弥陀仏、南無阿弥陀仏、と「ねてもさめてもへだてなく」念仏を申された。このことを、浄土真宗の教えを被る者は、肝に銘じてしっかり覚えておかなくてはならないと思うのである。

称名念仏はげむべし

かつて京都の本山の門の外を勤行の時などに通ると、表の道路まで、ナマンダブツ、ナマンダブツと念仏が聞こえていた。今はずっと門の中まで入って行って、耳を傾けて聞いても聞こえにくい。皆が念仏を申さなくなったのである。どうしてこうなったのか。

まず第一に、念仏をすすめる人が少なくなった。「念仏申しましょう」とすすめる人がほとんどいなくなった。そして念仏というものは無視されて、信心が大事だということになってしまった。

なるほど信心が第一である。しかしそれにとどまっていてはいけない。信心だけでは聖人の教えに従っていないのである。信心決定して念仏申すということを、聖人はすすめられたのだ。晩年はとくに念仏申すことを強調されている。信心のいかんにかかわらず、「称名念仏はげむべし」というのが聖人の最後の教えであった。これは何遍くり返しても、まことに申し足りない思いである。

かつてお西のある先生を私の会に講師としてお招きした。その時この先生が言われた。この先生は本山に長く勤めた錚錚《そうそう》たる方である。この方が自坊の同行たちを連れて本山の全国壮年会に参加された。その時ご門主のお説教があった。これを全国から来ていた人々と一緒に聞いた。ご門主のお話が済んだ時、皆がそろって拍手した。これにはびっくりして、帰って来て、ああいう時はナムアミダブツ、ナムアミダブツとお念仏申すのだと教えたけれど後の祭りだった、といわれた。拍手というのはあなたの言うことに賛成、いいことを言いましたなあ、御苦労でしたというような意味のものである。ご門主が仏法の話をなさったのに、拍手で御苦労でした、ありがとう、というような拍手が本山で行われてい

ると は、一体どういうことだろう。

お東の安田理深先生の七回忌の御法要がいとなまれた。それに参列した人に聞いた話である。本山の宗務総長以下、参集して御法事が厳修された。しかし始めから終りまで、満場寂として声なく、誰一人として念仏申す人がいなかった。奥さんだけが、ナマンダブツ、ナマンダブツと念仏しておられたという。これは一体どうなっているのだろう。

しかしこれらは他人事ではない。たとえ本山であろうが、何先生であろうが、他は致し方がない。が、われわれは、親鸞聖人の教えをいただいて、「ねてもさめてもへだてなく南無阿弥陀仏をとなふべし」「称名念仏はげむべし」と、聖人が念仏申すことをこころをこめてすすめられているということを決して忘れてはいけないと思う。

なぜ南無阿弥陀仏か

それでは聖人が、なぜ念仏をそのようにすすめられるのか、なぜ南無阿弥陀仏なのか、なぜ念仏が必要なのか。基本的な問いであるが、その点をたずねてみよう。

念仏が必要かどうかなのではなしに、浄土真宗は南無阿弥陀仏が根本なのである。そしてまた南無阿弥陀仏が仏教の根本である。このことはすでにくり返したとおりである。仏教は南無阿弥陀仏に始まって、南無阿弥陀仏に終る。それがわかることが浄土真宗の教えがわかることである。

聖人は『教行信証』を、「顕浄土真実教行証文類」といわれた。真如、一如の世界から、真なるものが実となり、事実となって私にいたり届いてくる、それが浄土真実であり、具体的には南無阿弥陀仏である。

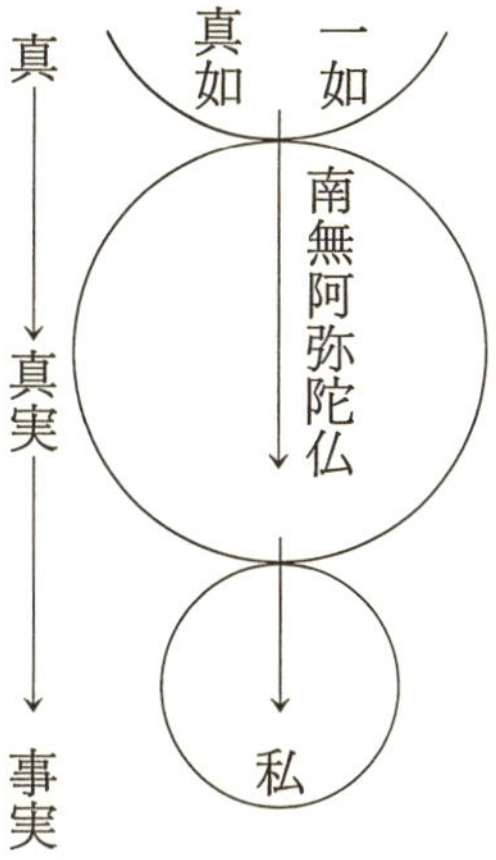

一如真如の世界、それは真、それが現実となって出てくるのが南無阿弥陀仏。その南無阿弥陀仏が事実として私に届くこと、それが浄土真宗の成立である。仏が届くとは私が聞きひらくこと。南無阿弥陀仏のわけがらを聞きぬく、これが仏法求道の根本である。
その南無阿弥陀仏を本当に聞きひらくためには、その意味もよくわからないうちから、南無阿弥陀仏と念仏を称えるということが大事である。
「それは理解できない」という人が多いであろう。南無阿弥陀仏が大事ということまではわかる気がするが、それを初めから、わけもわからないのに称えるというのが大切とは理解できない、こういう人が少なくない。

問う。「あなたは夜寝る時には、寝てから布団に入りますか、それとも布団に入ってから寝ますか」「それはもちろん時間がくれば寝ないうちから布団に入ります、そのうち寝つきます」「そうでしょう、寝てから寝床に入る人はいません、南無阿弥陀仏も、わからないうちから南無阿弥陀仏を称えないと、南無阿弥陀仏にならない」「そうかなあ」「自転車に乗れないうちから自転車に乗らないと、自転車には乗れないですよ」「どうして」「それは、初めから乗れる人は一人もいない。皆、倒れたり、ころんだりしながらとうとう乗れるようになる。泳ぐのも、初めから泳げる人はひとりもいない。ガブガブ水を飲んだり溺れたりしながら、そのうちに泳げるようになるのです。ものごとというのは、わからないうちからやらねば物にならない」。

念仏は子供の時からやるのが一番よい。私は十八年前に保育園を始めて、今までに約百五十名近い子供を卒園させた。この保育園をつくったたった一つの目的は、合掌してナマンダブツ、ナマンダブツと幼い時から念仏する子を育てることであった。小さい時から念仏するということが非常に大事である。幼い時は念仏に抵抗がない。今は家庭で念仏を教えることがなくなった。

なぜ幼い時から念仏が必要か。何もわからないで称える念仏、それは自力の念仏であり、他力の念仏ではない。しかしこれが他力の念仏の始まりである。念仏申すということが、仏道の成就なのである。そのためには、わからないうちから念仏申す必要があるのである。

念仏申すということが大事。ナマンダブッと念仏申すことが大事。したがって、朝起きたらナマンダブッと起き上がり、寝る時は、ナマンダブッと称えて寝床に入る。そのあいだはできるだけ念仏申す。

「信心のひとにおとらじと（中略）称名念仏はげむべし」、このように聖人の晩年は、今まで強調しておられた信心よりも、その信心の根本である南無阿弥陀仏をふかくいただいて、念仏申すことをすすめるお方となられた。

これは『教行信証』だけを読んでいるうちはわからない。また浄土和讃、高僧和讃だけでも理解できない。七十代の親鸞聖人の教えだけを中心にしていると、この聖人の真意は充分にはわからない。だから尊いお方の教えというのは、ずっと御一生を通していただいて、このお方は、その生涯を尽くして、どういうことをおすすめなさったのかということを学ばねばならない。ある切断面だけでは不充分である。ずっと通していただくということが大事であると思う。

この点からいえば、聖人の教えとして現在説かれているものは、『教行信証』中心であって、聖人の立教開宗のおこころだけが重視されている。そして、実際に聖人自身が、生涯かけて『教行信証』をいただかれた領解のつづまりはほとんど重要視されていない。聖人の教えを本当にわが身にいただくには、晩年の教えを無視してはならない。

聖人の晩年は、念仏と感謝と宿業の諦観の生活であった。その始めの、念仏申すことの大切さということについてまず申したのである。

正定聚不退の慶び

正定聚不退を強調

七十代の著作と八十代の著作の違いは、一つはさきに述べたとおり念仏申すことをすすめられたことであり、二つには感謝のふかさであり、さらに三つには宿業の諦観である。以下、その感謝と宿業の諦観について述べていきたい。

聖人の八十代の感謝の内容は、正定聚不退の慶《よろこ》びが中心になっている。すでに申したように、聖人の晩年がわかるのは『浄土文類聚鈔』と正像末和讃。それらは聖人御自身の書かれたものである。これに対し、『歎異抄』は周囲の人が聞いたものであるが、これらによって晩年の聖人のこころを窺うことができる。

今、正像末和讃をいただくと聖人の慶びが満ち満ちた讃歌がたくさん歌われている。

無始流転の苦をすてゝ
無上涅槃を期すること
如来二種の廻向の
恩徳まことに謝しがたし

また、正定聚不退ということを慶んでおられる和讃が多い。

真実信心うるゆゑに
すなはち定聚にいりぬれば
補処の弥勒におなじくて
無上覚をさとるなり

現生において正定聚の位を与えられる、死んで後に助かるのではない、生きているこの人生で助かってゆく、それを現生正定聚という。聖人は晩年にこのことを強調されている。

二益 ┌ 現生正定聚（現益）
　　 └ 当生滅度（当益）

「教行信証」の証はこの二つ、これを二益法門という。

現実のこの人生で不退転の菩薩となる。これが現益であり、これを現生正定聚という。

そして往生浄土のはてるところ仏となる。これを当益という。聖人はこの二つを証果の内容としていわれている。これが聖人の教えの根本である。「教行信証」で証という時には、現当二益の法門であるといわれる。

しかし、『往相廻向還相廻向文類』、これは『二廻向文類』ともいい、聖人の八十四歳の文章であるが、そこには証は一つしか書いていない。

この必至滅度の大願を発し給ひて「この真実信楽を得たらん人は即ち正定聚の位に住せしめん」と誓ひたまへり。

とある。正定聚の位に住せしめんとだけ出ていて、必至滅度は略してある。それでは、仏になるという当益はなくなったのか、そうではない。現生正定聚の中に入っている、それは言わなくてもわかったことであるから略されている。

浄土真宗の救いは信心と離れない。信の定まるその時に、証は同時に決まっている。この証とは、死んで後に仏になるとか、涅槃にいたるとかいう死後のことではなしに、信と同時にこの世に生きるわが身が正しく往生の定まった、必至滅度の人になることである。それを正定聚というのであって、正定聚といえば、必至滅度は、その中に含まれている。正定聚だからこそ必至滅度であり、必至滅度は必ず現生正定聚である。こういうおこころで略してある。『二廻向文類』では『教行信証』とすこし様子が変ってきていることが窺える。

また『三経往生文類』（八十三歳の作）にも、真実証果として「正定聚の位に住せしめんと誓ひ給へるなり」とあり、必至滅度は省略されている。

これらは現生正定聚を中心に大悲を慶ばれている文である。いずれも晩年である。晩年では、『教行信証』と異なり正定聚不退という現実の救いが強調されているといえよう。

妙声功徳

それでは正定聚とは何か、聖人は四つの徳をあげられている。

一つは妙声《みようしよう》功徳という。

妙声功徳というのは、尊い教えがいつも耳に入るということである。正定聚不退というのは、尊い教えがいつも耳に届く人をいう。それを「梵声のさとらしむること深遠なり」という。

悲しい現実にであった時、苦しい思いに閉ざされた時、その時に、「南無阿弥陀仏　南無阿弥陀仏」「助けんと思召したちける本願のかたじけなさよ」という教えが耳に入る、これは大事なことである。

われわれ人間は、どこまで行っても自己中心を離れることができない。たとえば何か失敗をした時でも、どうして私がこうなったのか、私はこれではいけない、何とかしなければと思い、また、どうして私だけがこんな目にあわねばならないのかと、このように、私、私、私なのである。

病気をする、事故をおこす、人に顔向けならんようなことをしでかす。子供が問題をひきおこして親に迷惑をかけるということもある。その時に、どうしてこうなったのか、これではいけない、何とかしなければ、どうして私だけがこうなのか、と、あれやこれや考える。それをはからい、分別という。これを自己中心の思いという。

思いの上に全部「私」というのが付いている。私はどうしてこうなったのか、私はこれではいけない、私が何とかしなければ、私だけがどうして。そういうように私中心である。如来の本願などすこしも出てこない。それを自己中心のはからい、分別という。自力のはからいとはこのことである。

今、妙声功徳、尊い教えが耳に入るというのは、この私中心の私に対して、如来が私のことを考えていてくださる、そのことに目がさめることである。「他力の悲願は此の如きのわれらがためなりけり」（『歎異抄』第九章）、そこに私中心の私が、仰ぎみる世界をいただいて、「南無阿弥陀仏」と念仏申す身となる。それを正定聚不退の人という。

正定聚不退というのはそのように、いよいよ困った時、いよいよ行き詰まった時、いよいよ失敗した時、いよいよ人から悪くいわれた時にも、如来の教えが耳に入ってくださって、私は、私は、私は、私はと、私中心にしか生きていない、この自己中心の私が、如来の教えに、如来の本願に立ち帰ってゆく。仰ぎみる世界をいただくことのできる身になる。これを正定聚不退といい、その徳を妙声功徳という。これは『教行信証』の証巻の初めに出ている。

主功徳

第二は主功徳という。

主は人生のあるじ、主功徳は主君をもつ、主につかえる臣となることをいう。

現生正定聚とは、この世に主君を持っている人である。主を持っている、敬愛する主人を持っている。仏は法の王、私は法の臣、奉仕すべき相手をもち、一生を捧げて悔いのない対象をもつ、それを現生正定聚という、それを主功徳という。私の全体を捧げて、そのために尽しぬいてゆく、主を持っていて、その御恩報謝に一生を捧げてゆく、その主が南無阿弥陀仏である。

そういう人が人生に誕生してくる。それを聖人は現生正定聚といわれ、真実宗教の証果であると強調されている。主をもつ身を慶ばれた。

如来大悲の恩徳は
身を粉にしても報ずべし
師主知識の恩徳も
ほねをくだきても謝すべし

とうたわれたのは、聖人八十六歳の時である。八十五歳から書き始められた正像末和讃の完成が八十六歳である。その時に、この恩徳讃が作られた。若い時の作ではない。晩年の作である。八十六歳にもなってこういわれた。これは注目すべきことである。聖人は年とともに感謝のこころを深くもたれたことがわかる。

眷属功徳

正定聚の人の第三の功徳は、眷属《けんぞく》功徳である。

眷は愛する人、属は深いかかわりをいう。よき師、よき友を持ち、すべての人に「友よ」とよびかけるこころの思いを持つ、それを眷属功徳という。不退の菩薩は必ずよき師、よき友を持っている。そして「四海のうちみな兄弟」とすべての人に「友よ兄弟よ」とよびかける思いを持っている。国が違う、肌の色が違う、年齢も違う、そういう人々にも「友よ」とよべる力を持つ、これが眷属功徳。

人はよき師、よき友を持った時に、夫、妻、子を友とよべる人となる。そういう人があらゆる人を「友よ」とよべるのである。それを眷属無量の人という。それが、教行いたり届いて信証を生ずる、証の具体的な内容なのである。聖人はとくに晩年、そういう現生における証を与えられたことを慶ばれた。

清浄功徳

正定聚不退の菩薩の第四の徳は、清浄功徳という。

すべてのものや事柄を浄化する、きれいにする、煩悩で汚れているものがきれいになる。念仏になる。この人生では会わざるを得ないいろんな汚濁がある。本能的な煩悩、そういうものに汚され、名聞、利養、憍慢に汚れたことが内にも外にも次々起る。けれどもそれが、念仏で浄化されてゆく、南無阿弥陀仏に浄化する力がある。南無阿弥陀仏がすべてのものを、念仏に変えてくださる。

南無阿弥陀仏にお会いすると、照されて照されて、照らしきられて私自身というものが知られる。それが如来の光明無量の働きにあうということである。その時、いつもは他の人のことしか考えないで、外ばかりに目が向いていて、あの人が悪い、この人に責任があるといっていた者が、自己自身を考えるようになる。そして何が起っても、問題は私にあるのだとわかる。しかし、それがわかっただけでは人間は救われない。それではこの私を何とかしなければと思う。そうではなしに、この私が照らされるままが、「他力の悲願は此の如きのわれらがためなりけり」、こういうていたらくのお粗末な私のための本願と思いいたって、南無阿弥陀仏と念仏になってゆく。それを摂取不捨《せっしゅふしゃ》という。如来の寿命無量の働きである、この二つの働きを如来の浄化という。

すべての悲しみや苦悩、失敗も憂いも、南無阿弥陀仏の縁になり、念仏のたねになる。それが南無阿弥陀仏の働きである。そこでは転悪成徳され、すべて浄化されてゆく。それが正定聚の第四の徳。聖人は感謝してこれをよろこばれた。

世間では、金が手に入った、願いごとがうまく叶った、人から良くいわれた、それらが感謝のたねとなるが、そうではない。そうではなしに以上の四つの徳がよろこびのたねとなり、教えが耳に届いて、私中心の殻を破ってくださる。そして私の一生を尽し、一生を捧げていくような主をいただくことができる。よき師、よき友を賜って、すべてのお粗末なできごとが南無阿弥陀仏の縁になるようになった。それをよろこばれた。

それが晩年になると「正定聚にこそ住すなれ」とふかまっていかれた。正像末和讃にそのよろこびの和讃が多い。

仏智不思議を信ずれば

正定聚にこそ住しけれ
化生のひとは智慧すぐれ
無上覚をぞさとりける

このように晩年の聖人は、ことにふかい感謝のこころに住されていたことを知らされる。

善鸞の義絶

このようなよろこびは、実は晩年の思わぬ悲劇の後にいよいよふかめられたものである。聖人八十四歳のとき、思いもかけない事件がまき起った。それが善鸞の義絶である。

聖人が京都へ帰られてから、いろいろの事件があったため、自分の名代として関東に派遣されたのが善鸞である。聖人は、この善鸞を頼りにしておられたようで、それにはこの善鸞が、関東から聖人に送金して経済的に援助しておられたこともあろう。その善鸞が、関東の弟子たちとけわしい対立関係になって、関東の教団の統制を乱し、聖人はとうとう親子の縁をきるというような悲しい結末に追いこまれた。

今日、善鸞に対する義絶状が残っているが、これは顕智上人が書写したものといわれている。宮地廓慧師の『親鸞伝の研究』(百華苑)にその間の事情がよく述べてある。その義絶状の内容はほぼ次のとおりである。

慈信坊善鸞よ、お前は関東の人たちに、自分一人のために父の親鸞が、夜密かに尊いお聖教を教えた、と言いふらしているけれども、そんなことがあるはずはない。常陸の国の人たちはそのため、自分の子供にだけ本当のことを教えて、われわれには違ったことを教えている、親鸞は嘘つきだといっている。そんなあるはずもないことを言いふらし、全体を乱した。「今は父子の義はあるべからず」と述べられている。

また母の尼、すなわち自分の母親に対してもふしぎのそらごとを「いいつげられたること、まふすかぎりなきこと、あさましうさふらう」、自分は継母に言い惑わされた、というようなことを言っているが、そういうことがあるはずはない、ともある。

善鸞は、関東の人たちが聞いてきた親鸞の教えはまちがっているということを、鎌倉幕府・六波羅探題にも訴え出て、自分は本当のことを父から聞いているのに、それを弟子たちが信用しないと主張した。そういうことがあって、「三宝・神明にまふしきりおわりぬ」「いまはおやといふことあるべからず、ことおもふことおもいきりたり」と書いた手紙を善鸞と弟子に出された。それが聖人八十四歳のときのことである。

この事件は、晩年の聖人にとって非常に大きなショックであったと思われる。聖人は弟子たちに対して責任をとって、わが子を義絶された。しかし、宗教家として自分の子供を充分に指導できなかったこと、自分の子供が親を騙すような虚言を皆に言ったという事実に対して、聖人は大きな衝撃を受けられたにちがいない。これは親子の縁を切って、それで済む問題ではない。ふかい後遺症をあとに残したことであろう。これが聖人晩年の悲劇である。

この事件を聖人はどのように受けとめてゆかれたのであろうか。

夢告讃

この義絶の次の年につくられた正像末和讃のはじめに次のような和讃が出ている。これを夢告讃《むごうさん》という。

康元二歳丁巳二月九日夜　寅時夢に告げて云く

とある。善鸞の義絶は聖人八十四歳の五月、夢告讃は八十五歳の二月である。

弥陀の本願信ずべし
本願信ずるひとはみな
摂取不捨の利益にて
無上覚をばさとるなり

この和讃は、誰かが聖人の夢の中にあらわれてお告げになった。それは阿弥陀如来か、釈尊か、聖徳太子か、法然上人か何も書いてない。ただ「夢に告げて云く」とある。正像末和讃の草稿本では「この和讃をゆめにおほせをかぶりてうれしさにかきつけまいらせたるなり」とあって、ありがたいお告げであると感謝されたことがわかる。

誰かが夢の中で告げた。「親鸞よ、弥陀の本願を本当にいただけよ」、親鸞聖人ともあろうお方に、誰が今さら「弥陀の本願を信ぜよ」「弥陀の本願を本当にいただけよ」というのかとわれわれは不思議に思う。しかしそれは動かせない事実であった。この事実に対して聖人は、「いやそれぐらいのことはわかっている。ずっと昔から現在まで弥陀の本願をいただいています」というのでなく、この和讃を「うれしさにかきつけまいらせたるなり」といわれた。

これはどういうことなのか、よく考えてみなければならない。

十八願の世界

十八願の世界とは、他力信心の世界である。他力信心の世界は、「私は弥陀の本願を信じている。本当にありがたい」というのでなく、二十願の自己にめざめる境地をいう。自己中心、如来無視、そして恩知らずの世界にいる私が、自分にはそれがわからず、かえって「いや、いや、本当に御恩がわかっている」と思い、「如来中心で生きている」と思い込んでいる自己肯定の状態、それを二十願の世界という。

その思いが破られて、「いや、まったく私は自己主観の中に閉じこもって、自分中心の私であり、如来無視の私であり、御恩の中にありながら、御恩を本当に知らない私である、申し訳ない。本当に弥陀の本願をいよいよいただかねばならない」と懺悔する世界を十八願の世界という。

「弥陀の本願信ずべし」と教えられたとき、本当にそのとおりでございます、申し訳ないことでございます、ありがとうございますといえる立場に立って、この教えをよろこぶところに、二十願の自己を見かえす聖人のふかい世界がある。

二十願の存在

いや、そんなことはもうはじめからわかっている、僕はもう三十歳の時からそれくらいのことはわかっていた、というのは、本当の信ではない。それは自己肯定の主観の思いである。それが二十願の真只中の存在である。

二十願の世界の特徴は、第一には、御恩というものを憶わないことである。御恩ということは、頭ではわかっていても、「弥陀の大恩報ずべし」ということが、常日頃の思いにならず、恩徳がわかっていると言いながら感謝にならない。

第二には、念仏を申さないことである。とくに、大事な時に念仏を申さない。いや、念仏が出てこないで、私、私、私となる。大事な時というのは、失敗した時、落ちこんだ時、人から誤解されて、どうしてこんなことが起ったのか、どうしたらよいかと迷う時などである。その時こそ「他力の悲願は此の如きのわれらがためなりけり」「南無阿弥陀仏」と念仏が出るべきなのに出てこない。

そして、私がどうしてこうなったのか、と右往左往する。それが二十願の人である。これは決して他人のことではない。われわれ自身の問題である。

三帖和讃の冠頭にある和讃、

　弥陀の名号となへつゝ
　信心まことにうるひとは
　憶念の心つねにして
　仏恩報ずるおもひあり

これはまことに十八願他力の信の人の現実をよくあらわしている和讃で、もとは正像末和讃にある。

これとちょうど反対なのが二十願の人である。二十願の人をこの和讃と対比していえば次のとおりである。

1　弥陀の名号を称えない、念仏を申さない。

2　憶念の心がない、仰ぎみる世界をもたない、自己中心である。

仰ぎみる世界をもつとは、如来を憶い、本願を憶い、教えを憶い、よき師よき友を憶い、私にまでとどいてくださった如来本願の御苦労の歴史を憶って感謝する、それが憶念の心である。

3　仏恩を報じようという思いがない。

まことにこれが私の現実である。この現実にめざめて、懺悔し、合掌し、念仏するところに、弥陀の本願を信ずる世界がある。

聖人は善鸞の事件に心をいためられて、あれを思い、これを考えて苦悩されたであろう。その時、この「弥陀の本願信ずべし」の夢告をいただいて、本願にたちかえり、「うれしさにかきつけまいらせたるなり」と言われたのではあるまいか。

宿業の諦観

宿業を超える

諦観とは、そのことのもつ意義をあきらかに知って、これを受けとめ、超える、超越することをいう。宿業の諦観とは、宿業を超えること、超えるとは同時に随順することである。

聖人の晩年の特徴の一つは、宿業ということばを使われるようになったことにある。このことばは、『教行信証』にも、『浄土文類聚鈔』にも出てこない。『歎異抄』だけに出てくる。『歎異抄』に二ヵ所出てきて、一ヵ所は第十三章、「造る罪の宿業にあらずといふことなし」などとあり、もう一つは後序に、「さればそくばくの業をもちける身」と言われている。

『歎異抄』の師訓篇は、親鸞聖人の晩年のことばを集めたものであって、善鸞義絶とふかい関係がある。第二章はまさしくこの事件のため上洛してきた関東の弟子たちへの聖人のことばであろう。したがって、善鸞事件が宿業ということばを引き出したのではなかろうか。『歎異抄』の時代においてはじめて、『教行信証』にないことばが出てきているのである。

『教行信証』にはなく、『歎異抄』にだけ出てくることばは、非常に注意を要するものと思う。くり返すように、『教行信証』は七十代、晩年にくらべるとまだ聖人の若い時の製作である。それから何年も経って、『歎異抄』が生れた。『歎異抄』には信力増上の聖人のことばが二つ出ているといえるのではないか。一つは宿業であり、もう一つは「親鸞一人が為なりけり」ということばである。これは他には出てこない、『歎異抄』にだけ出ているることばである。この二つはふかい信心のことばである。「親鸞一人が為」はふかい機の深信を示すことばなのである。

『歎異抄』第十三章

宿業について第十三章には聖人のことばとして、

兎毛・羊毛の端にゐる塵ばかりも造る罪の宿業にあらずといふことなしと知るべし。

とあり、また、

善き心のおこるも宿業の催す故なり、悪事の思はれ為らるゝも悪業の計ふゆゑなり。

とある。

さらには「我が心の善くて殺さぬにはあらず、また害せじと思ふとも百人千人を殺すこともあるべし」とあり、「さるべき業縁の催せば如何なる振舞もすべし」と述べられている。このあとの二つを一緒にすると、「我が心の善くて殺さぬにはあらず、さるべき業縁の催せば如何なる振舞もすべし」となって、人間の本質、及び人生の実態をふかく洞察した智慧のことばとなっている。

また、『口伝鈔』には、「善悪二業の事」とあって、「悪業をば恐れながらすなはち起し、善根をばあらませども得ること能はざる凡夫なり」「されば宿善厚き人は今生に善をこのみ悪をおそる、宿悪重き者は今生に悪をこのみ善にうとし、たゞ善悪の二つをば過去の因にまかせ、往生の大益をば如来の他力にまかせて、嘗て機の善き悪しきに目をかけて往生の得否を定むべからず」とある。

このように晩年の聖人は、宿善、宿悪、宿業ということばを用いられ、善いことも悪いことも宿世の業、善も宿業、悪も宿業と申されているようである。

この宿業ということばほどわかりにくいことばはない。宿は、むかしむかしの過去の累積。業は、はたらき、無明煩悩のはたらき。むかしむかしからの、行業の積み重ね、それが宿業ということばの意味である。それが実際、具体的にはどういうことなのか、なかなかわかりにくい。

そのため、むかしむかしの過去世の積み重ねが、悪業の累積となって、私の今日の現実というものをつくり、どうしようもない現状を生んできて、私はこれを忍んでゆくしかない、そういうものが宿業とされてきた。

宿業ということばには、このように暗い印象がつきまとっている。これが浄土真宗で長く使われてきた宿業の解釈であったといえよう。

曾我・金子師の宿業理解

曾我量深師は、この宿業ということばを言い換えようとした。これは非常に大事なことである。長い過去からのことばには手垢がしみついていて、本当の意味を隠していることがある。風化というか、化石化というか、鉄も長い間には錆となるように、仏教のことばもいつの間にか本当の意味とは似ても似つかぬものになっていることが多い。

曾我量深師は、「宿業は本能である」といわれた。しかしこのことばには飛躍があって、私にはこれを理解する力がない。

金子大榮師は「個性」といわれた。個性といえば、その人に特有な性質である。蛇はくにゃくにゃ、蟹は横這い。これはどうしようもない個性。ゆっくりした人に、「もうすこしサッサとやれ」と言うと、「はい、サッサとやっております」と返事をするが、実際はゆっくりである。これは個性。早くやるのも個性、ゆっくりやるのも個性、どうしようもない個性を宿業という。これはよくわかる。しかし、宿業にはもうすこしふかい意味があるのではないかと私には思われる。

宿業とはふかい智慧によって見出される自己の現実、本願にあうことによって見出せる自身の実体である。私は、宿業とは本願に照らされてわかる私の受け取るべき現実、と理解している。過去の宿業と諦めるのでなく、またそのような観念的な思いに落ち着くのでもない。どうにもならない私の前にある現実。晩年の聖人にとっては善鸞の事件。それが自己の受けとるべき事実、荷うべき現実とわかって念仏する、そのときこれを宿業と信知するのである。

それは、本願を聞きひらいて、自己自身を照らされたとき、「自身はこれ現に、罪悪生死の凡夫」と自己にめざめ、「さるべき業縁の催せば如何なる振舞もすべし」と、内に無量の迷いのたねをかかえている愚かな自己を知らされるとき見出されるものである。私の直面する現実、それは良い悪いではない。それが、私の内面の無明の累積に相応した現実であって、これが私の受けとるべき現実と頭をさげて、「よしこれを背負ってゆこう、南無阿弥陀仏」と念仏になるとき、その現実を、宿業というのである。

しかし人間には自己の現実を受けとる力がない。それは本願によって教えを聞きひらき、自己の現実にめざめ「他力の悲願は此の如きのわれらがためなりけり」と念仏を申す身になってはじめてわかる事実である。したがって宿業の問題は、求道の最後の課題であり、本願とのであいと離れない、本願なくしては見出せないものである。しかもその領解がふかくならないと本当にはわからない境地である。

宿業の文字が聖人の晩年にだけ出てきて、それまでの著作には見当たらない理由は、信力増上の世界においてのみ、宿業の諦観が成就することを物語っているものといえるのではないか。

宿業についてはここでおいて、次に善悪について申した上で、さらに述べることにしたい。宿業と善悪の問題は切り離せない。宿業がわかるとは、善悪をこえることであるからである。

『歎異抄』における善悪

『歎異抄』でくり返されていることばの一つは「善悪」である。善悪と損得とすききらいの三つは、人間の日常生活から切り離すことのできない課題で、善悪は人間理性とかかわり、損得、好悪は本能とかかわるものであるといえよう。

　自力のはからいというのは、善悪についての分別心をさすものである。『唯信鈔文意』には「自力の心をすつというは」といって「みづからが身をよしと思ふ心をすて身をたのまずあしき心をさがしくかへりみず、また人をよしあしと思ふ心をすて」（傍点筆者）といわれている。仏法は、「よしあし」に対する人間の根本的な姿勢の転換を教えるもので、仏法とは「よしあし」を超える教法だといえよう。

　『歎異抄』には徹底して「よしあし」「善悪」ということがとりあげられ、善悪を超えることをくり返し教えている。そこに晩年の聖人の特色がある。

　第一章には、「本願を信ぜんには他の善も要にあらず念仏にまさるべき善なき故に、悪をもおそるべからず弥陀の本願をさまたぐるほどの悪なき故に」とある。

　第二章では、善悪という言葉ではないけれど、「浄土に生るゝたねにてやはんべらん」、これは善因。「地獄に堕つべき業」、これは悪の業因。このような形で善悪が出ていて、「総じてもて存知せざるなり」と強く否定されている。

　第三章は、善人と悪人。「善人なほもて往生を遂ぐ、いはんや悪人をや」というところから始まって、徹底して善と悪をとりあげてある。

第四章は、慈悲という問題。聖道の慈悲は「今生にいかに愛し不便と思ふとも存知のごとく助け難ければこの慈悲始終なし」で、末徹りたる善にあらず、「念仏まをすのみぞ末徹りたる大慈悲心」、つまり大善といわれている。

第五章は、父母の孝養という問題。念仏はわが力にて励む善に非ず、念仏を廻向して父母を助けるのではない、ただ自力をすてて他力の覚りをひらくことが、父母への最上の善という。

第六章は、弟子について。「親鸞は弟子一人ももたず候」、如来の前に私有化すべき何ものもない。そこに御同朋、御同行というつながりが生れる、それが大善である。

第七章は無碍の一道。「信心の行者には（中略）、罪悪も業報を感ずることあたはず、諸善も及ぶことなき故なり」、そこに善悪を超えた天地が与えられると教えられている。

第八章は非行非善。「念仏は（中略）わが計にてつくる善に非ざれば非善といふ。ひとへに他力にして、自力を離れたる故に」（大善）私のものは何もありません、すべて如来廻向の善である。

第九章は、長年念仏を申していながらよろこびがなく、願生《がんしょう》の意欲も乏しいという唯円が、これではいけない、何とかしなければと善悪のはからいに陥っているのに対し、聖人はよろこびのなさも、願生心の乏しさも「煩悩の所為なり」、これが私の本体である、「他力の悲願は此の如きのわれらがためなりけり」と、善悪のはからいを超えた世界を教えられている。

第十章は、無義をもて義とす。無義は、「これが正しい、あれが悪い」という人間の分別心を離れて、如来の本願を仰ぎみる世界、はからいなしの念仏の世界に出されるところに本当の道があることを教える章である。

このように第十章まですべての章に善悪というものが出ている。

『口伝鈔』も同様である。『口伝鈔』は、聖人の仰せを聞いている相手は如信、『歎異抄』の方は唯円、聞いた人はちがうが、内容はよく似ているものがいくつかある。たとえば『歎異抄』第三章の「善人なほもて往生を遂ぐ、いはんや悪人をや」というのは『口伝鈔』にもある。第一章の「本願を信ぜんには他の善も要にあらず」というのも『口伝鈔』にある。「善き心のおこるも宿業の催す故なり」、これは『歎異抄』第十三章にあり、「善悪の二つ、宿因の計として現果を感ずる所なり」、これは『口伝鈔』第四章にある。『口伝鈔』には宿業ということばは出ていないが宿因とある。これは晩年の聖人のことばとして唯円が聞いただけでなしに、如信も聞かれた。このように『歎異抄』にも『口伝鈔』にも共通して善悪の問題がとりあげられていて、これが晩年の聖人の大きな関心事であったことがわかる。

こういう善悪という問題が聖人の晩年に出てくるということはどういうことを物語っているのであろうか。われわれにおいても、自己の善悪、そして他の人の善悪が常に問題になる。それが人生である。年をとったらことに他の人の善悪というのが問題になる。これに対して若いうちは、自己の善悪というのが問題になりやすい。自分はこれではいけない、何とかしなければということを考えるのは若いうちである。年をとると、嫁とか息子とか、周囲の人の悪いところが目につく。したがって善悪ということは、一生の間まとわりつく問題である。他力の信においては、信力増上してこの問題を超えるのである。そこに宿業を明らかに知るということが関連してくる。晩年において、善し悪しといわざるを得ない現実が次々と起きてくるにつけて、いよいよ宿業を知り、本願のふかさを知る。そこに善悪を超え、宿業を諦観する世界が展開する。聖人が晩年においてとくに、善悪とか宿業とかをとりあげておられるのはこのことを物語っているものではあるまいか。

釈尊と提婆

宿業という問題は善悪に関係がある。善悪は宿業に関係することばである。われわれは、善い悪いで自他を批判する。そしてそれにふりまわされる。年をとるとそれがだんだん多くなり、ひどくなる。しかし善悪は、その人自身でさえもどうすることもできないような個性的なものであり、現実である。にもかかわらずわれわれは、それを高い所から見おろして冷たく批判し、裁いている。それが現状である。そこに、相手を受けとることができない、超えることができないわれわれの姿がある。そういう立場を自力のはからいの世界という。この善悪の問題が求道の最後の課題であり、このことの解決を、自力のはからいを離れるという。

さきの善鸞の義絶という問題は、すでに申したように、晩年の聖人にとっては大変な悲劇であった。老年になると、そういう悲劇が起ることが少なくない。年をとったらめでたし、めでたしということにはなかなかならないと知るべきであろう。釈尊もその晩年に大きな問題がいくつか起った。一つは釈迦族の滅亡であり、一つは提婆の反逆である。さらに王舎城の悲劇であった。

提婆が釈迦教団の五百人の新しい弟子を引き連れて、新しい教団を作ろうとした。教団の分裂を策したのである。幸い舎利弗らの努力によって分裂は防がれたが、長年かかって育てた教団の中からこのような反逆者を出したことは、釈尊にとって大きな悲しみであったにちがいない。

このような悲劇を、善悪で批判する限り救いはない。この悲劇を、「私の受けとるべき現実」と知って、「他力の悲願は此の如きのわれらがためなりけり」「南無阿弥陀仏」となるところを宿業の諦観という。そこに宿業の超越があり、真の救いがある。仏道の成就がある。真の救いとは、善悪を超えることである。

釈尊においては『涅槃経』の「一切衆生悉有仏性」の教えこそ、悪逆、謗法の提婆をうけとめた釈尊の領解というべきものではないか。提婆もまた仏となるべき存在であると説かれているところに、善悪を超えた釈尊の教えの偉大さがある。ここに提婆を背負ってこれを仏とせずばやまじという釈尊の決意がある。

人生最後の問題は、宿業の超越である。それは、自己の善悪、人の善悪、それらを超え、これを私の背負うべき現実として念仏できるかどうかである。

『歎異抄』にくり返されているのは善悪である。その善悪の超えられた世界が、とくに第一章から第十章までにあらわされていて、「本願を信ぜんには他の善も要にあらず」といわれ、『口伝鈔』には「善悪の二つ、宿因の計」といただかれたのである。

総じてもて存知せざるなり

『歎異抄』でくり返されている善悪ということばの最後の止めはどうなっているか。それは後序の最後の方に、

聖人の仰には「善悪の二つ総じてもて存知せざるなり。その故は、如来の御心に善し

と思召すほどに知り徹したらばこそ善きを知りたるにてもあらめ、如来の悪しと思召す程に知り徹したらばこそ悪しさを知りたるにてもあらめど、煩悩具足の凡夫・火宅無常の世界は万の事みなもてそらごと・たわごと・まことあること無きに、たゞ念仏のみぞまことにて在《おは》します」。

「善悪の二つ総じてもて存知せざるなり」、これが善悪の問題の総決算である。

「総じてもて存知せ」ずというのは、『歎異抄』の第二章にもある。

念仏はまことに浄土に生るゝたねにてやはんべるらん、また地獄に堕つべき業にてやはんべるらん、総じてもて存知せざるなり。

ここにこのことばが出ている。

「総じてもて存知せ」ずとは、まったくわからない、まったく私はそれを識別する力がないということではない。それはよくわかっている。念仏が浄土に生れるたねとは、よくよくわかったことである。決して地獄に堕つべき業であるはずがない。今までは、それが善いことか、意味のあることかどうか、そういうことにとらわれていた。しかし今は、念仏の値打、念仏が浄土に生れるたねであるのか、地獄に堕つべき業であるのか、私にとってプラスであるのか、マイナスであるのか、そういうふうなことは、何も私にはさしさわりにならない。何も私を引き止めるものにならない。「ただ念仏」なのである。それを、「総じてもて存知せ」ずという。利害、打算、損得が問題にならないことをあらわすことばであり、超越をあらわす表現である。善も悪も、私の足を引っ張って私の歩みを妨げるものとならず、すべて南無阿弥陀仏となる。ただ南無阿弥陀仏である。

「その故は、(中略)煩悩具足の凡夫・火宅無常の世界は万の事みなもてそらごと・たわごと・まことあること無きに、たゞ念仏のみぞまことにて在します」。よしあしを考える私の心の根本は、如来の光明に照らされてみると、まことにまごころのない、不実の虚妄心である。その不実の心で今まで善悪、善悪と積み重ねてきた。私の人生、それはまことに不実の累積であった。そこから生れる現実はすべて、私の受けとるべき現実である。宿業である。まことに如来の光明のみが真実にまします、南無阿弥陀仏、と仰せられている。

宿業の諦観

善鸞に対して、親鸞聖人はどういう感情を持たれたであろうか。善鸞は実にけしからん奴だ、私の顔に泥を塗った実に悪い奴だ、と思われたであろうか。そうではない。彼の善悪は、彼が背負っていかなければならない現実であり、宿業である。同時に、善鸞の善悪は、親鸞自身が背負ってゆくべき現実、私の業でもある。善鸞よ、どうか本願を本当に聞きぬいて、本心に立ち帰り、念仏道に立ってくれよ。私自身は善鸞をわが不実の所産として背負い、いよいよ自己の宿業を知り、ただ念仏のみぞまことにておわします、この一道を歩みぬいてゆくぞ、と決意された。

よしあしが問題にならない、それを超えた、そこに宿業の諦観ということがある。宿業の諦観とは、善悪の超越にほかならない。夢告讃はここに生きている。

弥陀の本願信ずべし
本願信ずるひとはみな
摂取不捨の利益にて
無上覚をばさとるなり

本願を信ずるところに宿業の諦観がある。それゆえ、現実を背負うものは常に明朗である。超越は常に明朗である。「これが私の宿業であります」ということばは常に「道光明朗超絶せり」という世界から出てくる明るいことばである。

さきに申すように、『歎異抄』にしかないことばとして聖人は、

弥陀の五劫思惟の願をよくよく案ずればひとへに親鸞一人が為なりけり。

とよろこばれた。これはふかい機の深信をあらわす仰せである。「親鸞一人」というのは、次につづく文章の、「そくばくの業をもちける身」をいう。これは自己の宿業にめざめたことばである。

善鸞の問題によって、いろいろの善悪問題にぶつかり、それが、善悪、善悪という自己自身の自力のはからいを自覚する契機となって、いよいよわが身の「そくばくの業」、底知れないふかい自力の現実をいただかれた。「そくばくの業をもちける身」「南無阿弥陀仏」というところに宿業の超越がある。

宿業の超越とは、すでに申したように、善悪に追いまくられている私というものを本願の教えによって知らされて、「善悪の二つ総じてもて存知せざるなり」と、善悪にふりまわされることがなくなることである。そこに、「そくばくの業をもちける身」（そくばくとは、藤秀璻師は、底莫、底がないことといわれた）、底知れない業因をかかえた私であるとめざめる、それを「親鸞一人」といわれたのである。

その業因をかかえた私が、とうとう善鸞の事件にであって善悪を超え得ない粗末な私であるとふかく気付かされた。本願に照らされると、さまざまなできごとはみな、ふかい迷いの世界、無明流転の結実であると知らされる。この底知れない迷いの因をかかえた私、そう思いいたったとき、南無阿弥陀仏、と念仏になる。現実が南無阿弥陀仏になる。そこに「他力の悲願は此の如きのわれらがためなりけり」がある。これが、浄土真宗の求道の最後の段階と思われる。

聖人の晩年を考えてみると、善鸞の義絶という問題をかかえて、ふかい自己の宿業にめざめ、そこに夢告讃をいただかれて、宿業を諦観された。

本願を信ずる舞台は現実である。背負うべき現実が明らかになるところに「助けんと思召したちける本願のかたじけなさよ」があり、「他力の悲願は此の如きのわれらがためなりけり」がある。この現実を宿業という。したがって、宿業は本願と離れないもの、それゆえ常に明るいものである。この問題が、聖人の晩年に明確にされている。

宿業を超えるところに、信力増上の最後の天地がひらけるのであろう。

正像末和讃を読む

浄土を讃嘆する

和讃とは何か

正像末和讃は、聖人の最晩年につくられた和讃である。その内容に立ち入る前に、まず聖人の和讃について全般的なことを申しておきたい。

われわれのもつ聖典には、初めに浄土和讃があり、次に高僧和讃、最後に正像末和讃があって、それらをあわせて三帖和讃という。和讃というのは和語讃詠、または和解讃嘆の意である。

従来、わが国の仏教の経典、あるいは論釈は、ほとんどすべてが漢文で書かれていた。一字一字が全部漢字である。今日では、漢文どころか漢字の多い文章を読むことにもかなりの抵抗があり、文章を書く時は、漢字を少なくして、仮名を多く使う。また漢字そのものも、旧字体ではなく常用漢字を用いるというような心がけが必要になっている。まして漢字ばかりの書物は、現代人にとってはまことに読みづらい。まして当時は、相当学識のある人でなければ、そういう漢文で書かれた経・論・釈、すなわち仏教書というのは読めなかった。けれども、仮名文字の文、すなわち和文ならばずっと読みやすく、一般の人にも理解されやすかったのである。

和語には二つの意味がある。一つには、漢語に対して国語をいう。国語といえばもちろん日本語である。国語で仏教の教義などをわかりやすく歌にしたものを、和語讃詠という。もう一つ、和語にはやわらげるという意味がある。堅苦しい、むずかしい語句をやわらげてわかりやすくする。漢文の経・論・釈のわけがらを国語をもってやわらかく、わかりやすくする。それが第二の意味である。仏教の教義をやわらかく説き明かし、その功徳を讃嘆する。これを和解讃嘆という。和讃にはこういう二つの意味がある。

聖人の和讃の特色

親鸞聖人の和讃には大きな特色がある。『定本親鸞聖人全集』（法藏館）の和讃編にある生桑完明《いくわひろあき》氏の解説によると、その特色は、次の五点である。

(1)　漢字には右側に仮名がふってある。

今日でも、漢字の右側に仮名がふってある書物はたいへん親切な書物で、皆によろこばれている。漢字が読めなくても仮名さえ読めれば書物が読める。読めればその意味に通ずることができる。聖人の和讃には右側に片仮名でふりがながついている。はじめの方は全部ついているが、だんだんと後の方は少なくなっている。それは後の方ではくり返しをさけて省いてあるためである。

(2) 左訓がついている。

左訓とは、漢字の左側にその漢字の意味をわかりやすく仮名で書いたものをいう。

如来《にょらい》の遺弟《ゆいてい》《みてしなり》悲泣《ひきふ》《かなしみなくへしとなり》せよ

もともとの原文は片仮名であるが、『定本親鸞聖人全集』では平仮名にしてある。右側には「にょらい」「ゆいてい」「ひきふ」と仮名がふってある。「遺弟」の左には「みてしなり」とあるが、これは「御弟子なり」の意である。「悲泣」の左にも「かなしみなくへしとなり」とあり、このように、むずかしい文字には、左側に仮名でその意味が書かれている。

(3) 圏発がついている。（略）

(4) 七五調四句で読みやすく歌いやすい。

これは非常にすぐれた特色である。聖人はこれらの和讃を、口ずさみ、詠じやすいように、また、おぼえやすく、親しみやすいように配慮して作られたのであろう。

(5)　改訂が重ねられている。

くり返し改訂が重ねられている。浄土和讃・高僧和讃は、七年かけて訂正を重ねてある。このような五つの特色があると生桑氏はいっている。これらの特色からみて、親鸞聖人がその和讃を詠まれるについてどんな意図を持っておられたかが窺える。つまり、仮名さえわかれば、仏教の意味が理解できるようなものを作ろうとされたのである。むずかしい漢字には左訓をつけ、仮名が読めれば意味がわかるように配慮された。そこには、漢字の読めない人にも仏教を伝えたいという願いがあらわれている。このような和讃を、七十六歳頃から八十六歳以後かなり後まで、実に五百首以上作られ、そして推敲を重ねられた。生桑氏は「おそらくは帰洛後、たえず『和讃』をつづりつづけて、果てられたようにうかがわれる」と述べている。ここに、男女貴賤を問わず、できるだけ多くの人に仏法のこころがわかるようになってもらいたいという強い願いが窺える。そしてそれを歌いやすい七五調四句にして朗詠できる形にされたことから、日頃口ずさみ、歌うことを通していよいよ仏法に親しんでいくことを願われた、親鸞聖人のふかいおこころがわかる。

晩年にいたって「目も見えず候、何事もみな忘れて候」と言われる年齢まで、いやその年齢以後も他の人に代筆してもらいながらつくられたのが、これらの和讃である。これを読むと、仏教の本当の意味を伝えたいという聖人のおこころがひたひたと伝わってくる思いを禁じ得ない。

浄土を讃嘆する

和讃の讃とは、ほめたたえるということであるが、では一体何を讃えてあるのだろうか。聖人が作られた和讃には次の三つがある。

浄土和讃
浄土高僧和讃
正像末（浄土）和讃（文明本による題名）

浄土和讃は、浄土三部経といわれる経典を中心に述べられている、弥陀の本願や浄土の相を讃嘆したものである。

浄土高僧和讃は、この浄土三部経の精神を理解し、伝承し、時代に応じて新しい解釈を加え進展させた、インド・中国・日本にわたる七人の菩薩や高僧の事蹟と教義を和讃にしたものである。

正像末和讃は、浄土の教えが正像末の三時を貫いて一貫し、人々をうるおして伝わってきたことをたたえたものである。正像末というのは三つの時代区分であって、正法は仏法の最も盛んな時、像法はその次の時、末法は仏法の衰える時を言っている。正像末和讃はその時代を讃嘆されているわけではなく、どのような時代をも通して流布してきた浄土の教えを讃嘆されたものである。

では、これら三つの和讃で何を讃嘆されたのかというと、いずれも浄土を讃嘆されたのである。如来の本願によって成就した浄土を讃嘆されている。

今日、浄土真宗では、浄土というものがいよいよはっきりしない時代になった。「浄土というのは天国と同じじゃないのか」という人もあり、「本当に浄土があるのか」と疑う人もあり、「浄土とは想像上のパラダイス」と思っている人も少なくない。浄土真宗の人であっても、真宗とだけいって、浄土真宗といわないことが多いようだ。

現代においてはっきりしなくなったものは、一つには浄土、もう一つには南無阿弥陀仏である。この二つが本当にわからなくなってしまった。しかし、この二つは浄土真宗の中心点であって、聖人が一生をかけて讃嘆しぬかれた内容なのである。

浄土和讃、浄土高僧和讃、そして正像末浄土和讃、これらを合わせて浄土和讃という。浄土とその中枢である南無阿弥陀仏を讃嘆されたのが浄土和讃である。われわれは、聖人がこの二点を、皆々のためにどうしても伝えたいと念願されたおこころを憶い、聖人の和讃を体得しなければならないと思う。

弥陀と浄土

浄土の主体は南無阿弥陀仏である。南無阿弥陀仏を略して弥陀という。浄土を弥陀の浄土という。弥陀と浄土は離れない。浄土を讃嘆するということは弥陀を讃嘆するということである。弥陀は正報《しょうほう》、すなわち主体であり、浄土は依報《えほう》、つまり世界である。主体のいる場が依報である。依報、すなわち浄土がわからないということは、その主体である弥陀がわからないということである。そしてまた、弥陀がわかるということは浄土がわかるということにほかならない。それを依報正報不二という。くり返すように聖人が讃嘆され、そしてそれを和語でわかりやすく皆々にぜひ伝えたいと願われたのは、浄土であり弥陀であった。

今述べたように、正報と依報とは、主体と主体のいる場との関係をいう。主体とは主人公、場とはその働きの世界である。どちらの方がわれわれはわかりやすいか、または親しみを持ちやすいかといえば、場の方が親しみやすい。

たとえばいま、私がいる。ある人に「私に会いにこないか」というのと、「私の家に遊びに来ないか」というのと、どちらの方が相手に受けとられやすいかというと、聞いた方は後の言い方にこころを動かされるだろう。「私の家には犬がいて、兎も五羽、鶏が三十羽、大きな楠の木が二本あって、桜が二十本、檜が百本立っている」というと、どんな家か行ってみたくなるだろう。私には会いたいとは思わなくても、そんな所なら一度行ってみようかという気になるかも知れない。人は正報よりも依報、すなわち場の方に親しみを感ずるようになっている。そういうことを知って説かれているのが浄土教の特色である。

浄土は如来の世界で、そこに行くと、たくさんの菩薩がいる。きれいな八功徳水の池がある。宝の木が茂っているという。しかし、じつはその場は主体たる弥陀と離れてはいない。そこが弥陀の場なのである。

今ここに磁石がある。この磁石が主体であるとする。それは働きそのものである。その働きの場を磁場という。磁場では釘は直ちに磁石に引きつけられて磁石になる。磁石が働いている世界を磁場という。いま、弥陀が主体となって働いている、その働きの場を浄土という。浄土ではすべてのものがたちまち如来となる。それが弥陀の働きである。浄土をすすめるということは、如来になることをすすめているのである。浄土教とは弥陀教であり、浄土に往生して弥陀如来になることをすすめている教えである。

往生浄土

如来になることをすすめる働きとは、言い換えれば往生浄土をすすめる働きである。往生浄土をすすめる働きの根源は浄土にある。浄土といえば何かことは別のどこかにある世界と思われるかもしれないが、そうではない。弥陀如来の働きかける根源の場であって、そこにあって如来は常にわれわれに呼びかけ、われわれを招き、わが国に来れと呼んでいるのである。磁場は、釘を磁石にしようとして、釘をひきつける働きをもつ。その働きが釘にとどくと、釘は磁石にひきつけられてゆく。それが磁場の働きである。如来の働きの場が浄土であって、浄土の菩薩や樹や光明がわれわれに語りかけ、働きかける。それが人間にとどくと、今度は人間が如来にむかって進んでゆく。これを往生浄土という。往生といえば、現代では死ぬこととか、困ったことを意味する場合が多いが、本来は決してそうではない。われわれの本当の生き方を教えたことばなのである。

本当の生き方を往という。往とは方向を持っていること、生きる方向を持っていることをいう。浄土の方向に前進する力を与えられつつ生きること、これを往という。

方向を持っているとは、日常生活の中に埋没し、世間の雑事にふりまわされているわれらが、それを超え、迷いを断ち切っていくということであり、よごれた所を去って真実を求めてゆく力を与えられることである。その往の根源は浄土にあるのである。

往生の生の意味するものは、誕生であり、成長であり、生活である。新しく生れかわり、のびてゆく、そういう生である。そういう生き方を往生という。往生浄土とは、ひよこが卵の殻を破って生れるように、新しい生き方に立つことをいう。それは卵が生きているからこそ可能なのであって、決して死んでから後のことではない。

本当の自己にめざめる

私たちは浄土の光に照らされて生きている。照らされるとは、浄土の菩薩の生活を教えられて、その清浄真実の姿によって私の不実の世界を知らされることをいう。そこで私自身の生活が反省され、深く自己自身を懺悔する身となる。それを廻心という。そして本当に仏道を進まなければならないという願いを持つようになる。これを浄土の働きに照らされるという。

したがって、浄土とは、対象化され固定化されて、私の向こう側にある世界ではない。つまり浄土という所が世界のどこかにある、ということではない。浄土は、私が仰ぎみることのできる世界であり、私と離れることのない世界であり、同時に、私のかえるべき世界をいうのである。そこは弥陀の場であり、そこから弥陀が生きた力を持って、私に働きかける世界である。

聖人が浄土和讃をあらわして言おうとされたその浄土とは、(1)中心は南無阿弥陀仏であり、(2)往生浄土の働きの根源の場であって、(3)そこにおいて弥陀は私を呼び、私を照らすのである。私はそれに照らされて本当の自己にめざめていく。このように、私の生活の根本となる世界を浄土としてあらわされている。

浄土和讃と高僧和讃

聖人が和讃を作られたその順序次第は、はじめに浄土和讃一一六首、次に高僧和讃を一一七首作られて、これらを七十六歳のとき一応完成された。それを初稿本といい、後に訂正されたものを再治本という。

専修寺の初稿本（顕智本）の高僧和讃の終りには、

弥陀和讃高僧和讃都合二百二十五首
宝治第二戊申歳初月下旬第一日釈親鸞
七十六歳これを書き畢んぬ
見写せん人は必ず南無阿弥陀仏を唱すべし

と書かれている。浄土和讃は、はじめに讃阿弥陀仏偈和讃が四十八首出ている。以下大経意《こころ》、観経意、弥陀経意とあり、さらに諸経意弥陀仏和讃があって、次に現世利益和讃がある。そして最後に、「首楞厳経によりて大勢至菩薩和讃したてまつる」という前置のある和讃がある。以上の一一六首と次の高僧和讃一一七首を合わせると二三三首になる。初稿本で二二五首となっているのは、大勢至和讃が除いてあるからである。巻頭讃は入っていない。これについてはあとで述べる。聖人はそれらを宝治二年（一二四八）に書かれた。そこで浄土和讃と高僧和讃の二つはそろって出されていることがわかる。

これらの和讃を八十三歳の時推敲して完成された。それを再治本という。すなわち七十六歳から七年間の間に推敲され訂正された。初めの顕智本と再治されたものを比較すると、その内容がかなり変っていることがわかる。

・再治の例（浄土和讃諸経意）

（初稿本）歓喜信心無疑者おば
　　　与諸如来等ととく

（再治本）信心よろこぶそのひとを
　　　如来とひとしとときたまふ

この例をひとつあげてみても、聖人が自分の作られたものを、永い年数をかけてよく推敲されていることがわかる。「歓喜信心無疑者おば　与諸如来等ととく」でもわからないことはないが、それをなめらかに「信心よろこぶそのひとを　如来とひとしとときたまふ」とされている。こういうところにも聖人のすぐれた文才が窺われるとともに、すこしでもわかりやすくして、みんなに届けようとする配慮のほどを知ることができる。

このようにして聖人はだいたい八十三歳で浄土和讃と高僧和讃を再治し終えられた。この二群の和讃で、経と論釈についての和讃が完成したということができよう。正信偈には依経段と依釈段があるが、それと同じように、聖人は依経段にあたる浄土和讃と依釈段に相当する高僧和讃を作られて、和讃を完成された。

和讃の再治が終った後、「安城御影《あんじょうのみえい》」とよばれる肖像画ができた。聖人はこの時本当に会心の笑みを浮かべられたのではなかろうか。この御影にはわが事成れり、わがなすべきをなし終ったと満足されたお姿があらわれているようである。

しかし実際には、それから三年後の八十五歳になって、さらに正像末和讃を書き始められたのである。これにはふかい動機があるといわねばならない。

正像末和讃撰述の時期

大谷大学編『真宗年表』（法藏館）と菊村紀彦編『親鸞辞典』（東京堂）によると、宝治二年一月二十一日親鸞「浄土和讃」「高僧和讃」を著す、とある。この時、さきの初稿本ができたのである。時に聖人七十六歳。さきに述べたように浄土和讃、高僧和讃はいっしょにできた。その前年の宝治元年二月五日、尊蓮という人が『教行信証』を「親鸞自筆本により書写」とある。したがって聖人は、浄土和讃、高僧和讃を著す前年に『教行信証』をほぼ書き終えられていたようである。一般には、七十歳から七十五歳くらいの間に聖人は『教行信証』を一応書き終えられ、その次に浄土和讃、高僧和讃を著されたといわれている。この再治は、『真宗年表』には出ていないが、建長七年（一二五五）乙卯四月二十六日に浄土和讃と高僧和讃を書写したと顕智書写本にある。このことから聖人が再治を終えられた時がわかると生桑氏は記している。これはすでに申したように聖人八十三歳のときのことである。

この七十六歳から八十三歳の間に聖人は、多くの書物を著している。『唯信鈔文意』『浄土文類聚鈔』『尊号真像銘文』等の大事な聖教がそれである。聖人はこれらの著述をしながら、同時に浄土和讃、高僧和讃を推敲されたのである。

さて、聖人は八十六歳で正像末和讃の初稿本を書き終えられた。内容は、

正像末和讃　五十八首
愚禿述懐　　二十二首
愚禿悲歎述懐　十一首
（上の三行を括って）計九十一首（夢告讃を除く）

この標題と数は島地版聖典のものとはちがう。この理由は後に述べる。

浄土和讃と高僧和讃の二つの和讃で、和讃としては完成したと思われるのに、その後にさらに和讃を九十一首もつくられた。他の著作をしながら、第二群の和讃をつくられたのである。この和讃の製作には、何か特別のわけがあるのではないか。『真宗年表』によって、その間の聖人の御動向をみると、建長七年六月は『尊号真像銘文』、八月は『浄土三経往生文類』を著し、十二月には朝円が親鸞の絵像「安城御影」を描いた。安城は愛知県の地名である。ついでに申すと生前の聖人の肖像画は二つあり、この八十三歳のものは坐っておられる。もう一つは「鏡の御影」といわれ、七十三歳のもので、立っておられるお姿がスケッチふうに描かれている。専阿弥陀仏の作という。この安城の御影は、まことに満足そうなお顔である。安静の御影ともいう。これについてはすでに述べた。

安城の御影は、さきに『教行信証』を著し、さらには浄土和讃、高僧和讃を完了した後の肖像である。『教行信証』は漢文で有識の人を対象として立教開宗のこころをあらわし、浄土和讃、高僧和讃は和語ですべての人に仏教の内容をわかりやすく伝えようとされた。そのほかにも、いろいろの書物を著されて、当時の聖人は非常にご満足であったと思われる。

それから次の年の康元元年、『入出二門偈』を著されている。そしてこの年の五月二十九日に「親鸞、書状を書いて、善鸞とあいみむぼうの言動を批判し、善鸞を義絶する」と

『真宗年表』にある。「あいみむぼう」というのはよくわからないが、善鸞は東国に聖人の代理として派遣された聖人の第三子である。その義絶ということはたいへんな事件である。時に聖人八十四歳であった。

その次の年、聖人八十五歳。夢告讃が書かれている。二月九日に、夢に「弥陀の本願信ずべし」云々の和讃をいただいて、その時から正像末和讃を書きだされたと私は考えている。そして、これを完成されたのが、次の年の正嘉二年（一二五八）の九月二十四日で、「正像末和讃を再治する」とある。聖人八十六歳であった。

草稿本

正像末和讃には三種ある。一つは草稿本である。草稿とは原稿をいう。この草稿本では一番はじめに弥勒菩薩の和讃がおかれ、その前の巻頭には詞書などは何もない。次に三十五首があり、三十六首目に、

康元二歳丁巳二月九日の夜寅時夢告にいはく

弥陀の本願信ずべし
本願信ずるひとはみな
摂取不捨の利益にて

無上覚おばさとるなり

が出ている。そしてつづいて、

この和讃をゆめにおほせをかふりてうれしさにかきつけまいらせたるなり

正嘉元年丁巳壬三月一日

愚禿親鸞八十五歳書之

（康元二年三月に正嘉と改元。著者註）

とある。島地版の聖典では、夢告讃が一番初めに出ているけれども、草稿本では、三十六番目に出ている。順序が違っている。その日付は「壬《うるう》（閏）三月一日」である。そして夢告は二月九日である。したがって二月があと二十日近くあり、三月が三十日ほどあり、その次に四月のかわりに閏《うるう》といってもう一度三月がある。そうすると、夢をみられて二カ月近くたってから、この三十六番目の和讃を書かれたことになる。今何を言おうとしているのかというと、この正像末和讃は一体いつごろから書きはじめられたのかということであるが、それがよくわからない。島地版の聖典では、二月九日の和讃が一番先に書いてあって、それから正像末和讃がはじまっている。しかし夢告讃が最初ではないのではないか。生桑氏はそういう意見である。草稿本からすると、夢告讃の前から正像末和讃を書いておられたようにも思われる。

その前年の建長八年（一二五六、十月に康元と改元）五月二十九日、聖人は善鸞を義絶している。この大きな事件があって、そこから正像末和讃をお書きになる気持がだんだんに出てこられたのではなかろうかとも考えられる。何種類かの正像末和讃の講録を調べてみたが、この発端にふれたものはない。いつから正像末和讃を書きはじめられたか、なぜ書かれたのかということについて明らかに書いたものがない。これが、最初に製作の時期をとりあげた理由である。これらについての私の考えは後に述べたい。

和讃は聖人の遺言

正像末和讃の二つめは初稿本で、草稿本を再治されたものである。初稿本では草稿本と順番がかわって、夢告讃が一番先に出てくる。

次に八十六歳以後に作られた和讃にはどんなものがあるか。

皇太子聖徳奉讃七十五首

大日本国粟散王聖徳太子奉讃一一四首

さらに、生桑氏の解説によると、聖人八十六歳以後の作といわれているものも多数ある。

聖人は、正像末和讃を書かれた後に、さらに百首以上の和讃をつくられたようである。

以上を整理すると、聖人は七十六歳で浄土和讃と高僧和讃をつくり、八十三歳で完成された。その後に、八十六歳までに正像末和讃約百首をつくられ、それ以後に、さらにまた百首以上の和讃をつくられているようである。そうすると、聖人の晩年は、九十歳でなくなられるまで、さきに生桑氏が述べているように、「帰洛後、たえず和讃をつづりつづけて、果てられた」ようである。和讃の内容と数からみてそのように言えよう。

したがって、如来、浄土の御徳を讃えて、みんなにわかりやすい歌にして伝えようというおこころが、聖人の晩年を一貫し、それをもって命を終えられたということができるようである。

聖人の畢生の大作はもとより『教行信証』である。けれども、特に晩年力を入れられたのは和讃であった。われわれはこのことを肝に銘じて和讃をいただくべきであろう。和讃こそ聖人の遺言であり、われわれにわかりやすく仏法を伝えようとして、命をけずって作られたものなのである。

初稿本と文明本の相違点

われわれが現在真宗聖典で読み得る和讃は、三帖和讃である。三帖和讃は、文明五年（一四七三）蓮如上人が発願されて、版本を開いて本願寺の底本として出版されたものである。

これは親鸞聖人がなくなられてから約二百年後にできた書物で、親鸞聖人の真蹟本、あるいは書写本として伝わっているものとかなりちがっている。そこで、どこがちがっているのかを確かめておきたいと思う。

生桑氏は、『定本親鸞聖人全集』の解説に次のようにいわれている。

1　底本についてはまだ明らかにされていない。どういう書物を底本として、蓮如上人がまとめられたのかよくわからない。

2　真蹟本や書写本以外に加えられた和讃がある。

3　左訓ははるかに減らされている。親鸞聖人は、先に申したようにだいたい漢字にはふり仮名をつけ、左側にはそのわけがらを書いておられたのだが、左訓がかなりけずられている。

次にその中でとくに大きくちがっている点をあげる。

(1)　浄土和讃の巻頭

浄土和讃の巻頭がちがっている。

初稿本では、「称讃浄土経言」の文があって、次に、弥陀の徳を讃嘆する経文がある。文明本では、「称讃浄土経言」の経文はない。かわりに、巻頭和讃二首がある。

弥陀の名号となへつゝ

信心まことにうるひとは
憶念の心つねにして
仏恩報ずるおもひあり

誓願不思議をうたがひて
御名を称する往生は
宮殿のうちに五百歳
むなしくすぐとぞときたまふ

親鸞聖人が全体をまとめて、この二首を一番はじめに出されたと、普通は考えるけれども、これは聖人が出されたものではない。さきに申すように初稿本では、はじめに「称讃浄土経言」が出ていて、この和讃はない。

しかし、蓮如上人が花押を書かれている文明本には、この経の文がなくて、さきの二首の和讃が出ている。これは、蓮如上人が置かれたのかというと、必ずしもそうともいえない。それは、底本がはっきりしないからである。上人が何かの底本によってこのように改められたのか、それとも自分で改められたのか、あるいは後の人がそうしたのか、いずれにしても証拠がない。

私は、多分これは、蓮如上人をふくめた後の誰かがこのように直されたのであろうと思う。生桑氏の解説では慎重に底本不明とだけ指摘されている。しかし、聖人の和讃全体の体裁を整えるために、蓮如上人をふくめた後世の人がこのように改めたとみるのが常識的であろう。

(2)　高僧和讃の巻尾

高僧和讃の巻尾がちがっている。

・初稿本では、

弥陀和讃高僧和讃都合二百二十五首
宝治第二戊申歳初月下旬第一日釈親鸞
七十六歳これを書き畢んぬ
見写せん人は必ず南無阿弥陀仏を唱すべし

とある。

・文明本では、

初稿本の上記の奥書は除かれて、和讃一首がある。すなわち、

五濁悪世の衆生の
選択本願信ずれば

不可称不可説不可思議の
功徳は行者の身にみてり（この和讃は正像末和讃にもある）

次に、
七祖と聖徳太子の名前があげられ、その終りに次の和讃一首が入っている。

南無阿弥陀仏をとけるには
衆善海水のごとくなり
かの清浄の善身にえたり
ひとしく衆生に廻向せん

この和讃も聖人の初稿本にはない。これはどのように解釈していいかわからないので、一応の紹介にとどめておく。しかしだいたいのところ、これは体裁を整えるために入れたものであろう。

(3) 正像末和讃

・初稿本

これは、実際は親鸞聖人の筆ではない、草稿本のはじめの九首だけが真蹟で、あとは筆が変っている。初稿本はすべて他の人の筆である。

巻頭に、「敬ふて一切往生の知識等に白さく、大きに須らく慚愧すべし」という善導の

『般舟讃』の文があり、つづいて「釈迦如来は実に是れ慈悲の父母なり。種々の方便をして、我等が無上の信心を発起せしめたまふ」とある。

・文明本

① この『般舟讃』の文が除いてある。
② 「正像末法和讃」が「正像末浄土和讃」になっている。
③ 作者名がなかったのが「愚禿善信集」になっている。
④ 「愚禿述懐」の題がなくなっていて、かわりに「疑惑和讃」になっている。
⑤ 自然法爾章が加わっている。これは初稿本にはまったくない。その他聖人の正像末和讃にないものが計二十二首加えられている。

今日の真宗聖典の三帖和讃は、文明本から編集されたもので、上記のように初稿本とかなり違っていることがわかる。

初稿本を中心にみる

いま三帖和讃、とりわけ正像末和讃を読むにあたって、テキストとしては聖人の初稿本を中心とするのが、最も聖人のおこころを知る道ではないかと思う。

たとえば『教行信証』にしても、現在は草稿本である坂東本が中心になって読まれている。これは聖人の真蹟本で東本願寺にある。『教行信証』については今まで真蹟本といわれていたものが三本あり、一つは西本願寺にあって、これは清書本といわれている。もう一つは高田の専修寺にある。これは顕智本といわれ、現在では顕智上人が写されたものとされている。西本願寺のものは真蹟本に近いが、これも疑問があるという（以上『定本親鸞聖人全集』解説による）。したがって真蹟本にまちがいないのは坂東本だけである。そこで、現在はそれを中心に『教行信証』を勉強していくという風潮になっている。

星野元豊氏の『講解教行信証』（法藏館）も坂東本を原本としているが、従来のものとたいへん読み方がちがうところが多い。私は専門家でないのでどちらをとったらいいかわからないところがあるけれども、聖人の教えをいただく以上、聖人の真蹟本を取るのが正しいことはまちがいないところである。それを基本とした上で、いわゆる清書本などを合わせて検討して考えてゆくのが賢明な道といえよう。

同じように和讃もまた、文明本だけを採用していたのでは、充分に聖人の意を窺えないところがあるのではなかろうか。とくに正像末和讃ではその感が深い。正像末和讃は『教行信証』と同様に、聖人の真蹟本に匹敵すると考えられる初稿本を中心にして、文明本に追加されているものは取り除き、初稿本を底本として、これを正像末和讃真蹟本と考えてゆくのが、聖人の真意をいただくのにより近い道ではなかろうか。

御撰述の時期については、すでに述べたように三帖和讃のうち最後に著されたのが正像末和讃である。聖人は、浄土和讃、高僧和讃が終ったとき、「わが事なれり」というお気持になられたのではないかと思われる。この二つの和讃と正像末和讃との間が時間的にかなり長い。そして、正像末和讃着手のすぐ前の年に、善鸞を義絶し、親子の縁を絶つという大悲劇が起っている。これが次の年に正像末和讃を生むことにつながっているのではないか。そういうことをここで指摘しておきたい。

三帖和讃は、従来、浄土和讃、高僧和讃、この群と正像末和讃およびその他の晩年の作との三群とが別々にあったものを一括して三帖和讃としてまとめられたものである。それは蓮如上人のお力である。

しかし何を底本にされたのかはっきりしないし、底本があったのかどうかもはっきりしない。今は底本の詮議などはおいて、文明本と初稿本の相違点をまず明確にしておき、次に聖人の真精神を伝えるものと見られる初稿本を底本として、正像末和讃を読んでゆくことにしたい。これが聖人のおこころを知る上で大切なことと思う。

善鸞の義絶

浄土真宗とは何か

三帖和讃の中の正像末和讃には、ほかに疑惑和讃、愚禿悲歎述懐、あるいは皇太子聖徳奉讃などが含まれているが、今は初稿本により正像末和讃五十八首に限って考える。新編『真宗大系別巻』の慧剣師の「正像末和讃管窺録」の指南によると、初めの十七首は、真宗の興る所以をあらわしている。

真宗、すなわち浄土真宗とは、本来宗教法人の一つというような教団ではなしに、「選択本願は浄土真宗なり」「念仏成仏是真宗」ということばのように、弥陀の本願を中心とし、南無阿弥陀仏を根本としている教えである。

仏教は二つに分類できる。一つは釈迦教、もう一つは弥陀の本願の教え、つまり弥陀教である。そのうち、釈迦の教えはいわゆる正法、像法、末法と時代が変っていくに従ってだんだんと衰え、ついに没落していくといわれている。時代の変化についてゆけないのである。けれども、その三時を通じていよいよ広まってくださるのは、弥陀の本願である。

弥陀の本願は、時代というものと関係なしに、ちょうど松や檜が春、夏、秋、冬という時節に関係なく緑がさかんなように、正像末の三時にかかわりなく栄えてゆく。そして人類の最後の最後まで、その上に届く宗教である。それが初めの十七首に述べられていると慧剣師は言っている。このことは仏教を考える上で非常に大事なことである。

ある時代までは栄えるが、次の時代には衰え、とうとう最後にはなくなっていく。それが人生のすべてに共通な現実の姿である。それを無常という。宗教もまたそういう一面を免れない。人間の考えたものはすべてそうである。

けれども人間の考えた宗教ではなしに、如来より賜る宗教、如来から働きかけてくださる宗教は時代を問わず常に盛んである。人間が考えたものはやがて落ちぶれ脱落していく。しかしその現実の上にいよいよ本願は強く働きかけてくださる。このことが初めに述べられているのである。

如来廻向の具体相を示す

次の四十一首は他力の勝益を明かす。

そこに如来廻向のすぐれた利益を表された。この四十一首で、縦横無尽にそのことが説かれている。

これらの詳細を申し述べることは、今は省略するが、この五十八首を通じて、そこに聖人の最晩年のいわばまとまったお考えが明らかにされていることを改めて指摘しておきたい。

すでに申したように、

浄土和讃……讃阿弥陀仏偈
　　……浄土三部経　｝経と論・釈の解釈が中心
高僧和讃……七祖の著作

この二群の和讃にはそれぞれテキストがあって、一首一首の和讃はそれを解釈し讃嘆したものである。初めの浄土和讃では浄土三部経、曇鸞大師の讃阿弥陀仏偈を中心にしてうたわれ、次の高僧和讃では七高僧の教えをテキストとし、それをわかりやすく説かれた。

浄土真宗の中心点を如来廻向とすると、これらの和讃は、この中心点の具体相を、経・論・釈によってできるだけ具体的に表されたものということができよう。如来の廻向は具体的には、南無阿弥陀仏である。南無阿弥陀仏を領解していくところに仏教の根源がある。そういうことを人はほとんど問題にしない。しかし、人間の生きるということの根源はすべて太陽にあるように、人間として生きていく力の根源は如来にある。如来とは何か、南無阿弥陀仏である。南無阿弥陀仏が本当にわかることが大事である。

二つの不思議

曾我量深師は、不思議には二つあると、次のようにいわれている。

「何が不思議と言っても大体人間が生きていることが不思議だと思う」「仏法不思議は、解らぬうちは不思議でない。解って始めて不思議である。聞其名号信心歓喜という智慧が開けて来て、不思議ということが解る。解った上で不思議であるのが仏法不思議である。仏法不思議は不思議の中の不思議である。真実の不思議は仏法不思議のほかにはない」「蓮如上人の御一代記聞書の中に——煩悩具足の凡夫が、罪悪深重の凡夫が、念仏の信心によって仏様に成る。これが仏法不思議であると」「物質の自然の世界は原因・結果の法則によって出来上っている。解らぬうちは不思議、解って来ると不思議でも何でもない」「自然科学の力を以て生命をつくることが出来ると言うているが、単なる生物でなく、人間としての生命は、いくら科学が進んだからといってつくれるだろうか」「人間の生命をつくるのは仏様がつくる」(津曲淳三『親鸞の大地―曾我量深随聞目録―』弥生書房、一三八―一三九頁)

一つは、わからないうちは、どうしてそうなるか不可思議である。しかし、わかったら、ああそうかとなって不思議でなくなる。そういう不思議がある。自然科学の不思議がそうである。法則がわかれば、ああそうか、そういうことだったのかと不思議でなくなる。

もう一つの不思議がある。仏法不思議である。はじめは不思議でもなんでもない。だがそれが本当にわかったときは、頭が下がり、いよいよ不思議だと感じる。そういう不可思議がある。それが南無阿弥陀仏の世界であるといわれた。これは実にすぐれたことばである。如来の廻向ということは、聞いた時は、不思議にも思わないが、本当にわかったら不可思議さに感銘せざるを得ない。その南無阿弥陀仏が私に届いてくださる時、私に二つの方向が与えられる。

　　往　　私　　還
如来 ←―― ○ ――→ 衆生

一つは往、一つは還。往は自己の確立であり前進である。還は皆々の中にかえっていって、皆々に仏法をすすめる、そういう働きかけがおこることである。

その往とは具体的にはどういうことか。私が本当に聞くべき教えを持ち、本当に行ずべき内容を行ずべく心根をかえられ、ついに真実の果を証する。その道を賜り、前進してゆくことである。つまり往生浄土の道である。

また、同時に他への働きかけの道を与えられる。それが還。この往還二廻向が親鸞の浄土和讃、高僧和讃の中心点である。それが浄土三部経の内容であり、それを解釈されたのが七高僧の教えの内容である。そういう教えをわかりやすく和語で讃嘆されたのがこの二群の和讃である。

一方、正像末和讃はそれらの和讃とちがって、むしろ経・論・釈を離れて、縦横無尽に、自由自在に、真宗の興る所以と他力廻向のすぐれた利益を、自己の領解を通して展開された。そういう趣がある。何かテキストを解説するというような枠を離れて、自らの感銘、感動、喜び、不可思議さを思うままに述べられた、いわば随自意の教えである。聖人の心中の思いがよくあらわれていて、読む者の胸をうつ。そして最後は恩徳讃、

如来大悲の恩徳は
身を粉にしても報ずべし
師主知識の恩徳も
骨を砕きても謝すべし

と結ばれている。八十六歳、あと四年をもってこの地上の生の終焉を迎える老邁の親鸞が、

「身を粉にしても報ずべし、骨を砕きても謝すべし」という。そこには報恩の思いがほとばしり出ている。まごころというか、ファイトというか、バイタリティというべきか、そういう尊い心情が漲りあふれている。そのほかにも多くのすぐれた歌が次々と歌い出されていて、すべての和讃の中でも、正像末和讃は一番聖人らしい感動、気迫に満ちた讃歌の集まりになっている。そういう和讃が五十八首ある。

善鸞義絶――造讃の縁由

次に、造讃の縁由を考えてみよう。縁由とは、正像末和讃をお書きになる由来、因縁をいう。

くり返し述べたように、和讃として、浄土の教えを明らかにするのには、浄土和讃と高僧和讃で十分であった。しかしもっと別の和讃をつくって、自分のお考えを述べられるつもりもあったかも知れない。けれどももしそうならば、以上の二つの和讃につづいて、あまり期間をおかずにお書きになりそうなものだが、事実はそうではなかった。

八十四歳（一二五六）以後の『真宗年表』をみると、次のとおりである。

一二五六　建長八年五月　善鸞義絶・性信房にこの旨通知。

七月　『往生論註』に加点をおわる。

十月　『西方指南抄』書写。

十一月　『往相廻向還相廻向文類』を書く。

一二五七　康元二年一月　『西方指南抄』上末を校合。

二月　夢告讃をいただかれる。

八十四歳の善鸞の義絶後の聖人の御動向は右のとおりである。

善鸞の義絶。これについては、現在親鸞聖人が書かれた善鸞の義絶状は残っていない。ただ、顕智上人が書き写したものが残っている。これについては疑問があって、本当はそういう義絶の手紙というのはなかったのだという説もある。

しかし宮地廓慧氏の『親鸞伝の研究』によると、宮地氏はこの説を批判して善鸞義絶状の正しさを明らかにされている。今はこの書に依って述べる。

善鸞とは、親鸞聖人の第三子で、聖人は彼を自分の後継者として信頼しておられた。そして自分の名代として関東教団の造悪無碍の異義を収拾するために派遣された。それが大きく裏目に出た。

造悪無碍の異義

善鸞の異義とは、実際はどういうものであったか具体的にはわからない点があるが、宮地氏は、〈造悪無碍の異義〉であると指摘している。

浄土門において、いつの時代にもなくならないまちがった考えがある。それは、いかなる悪も本願によって救われる。だからどういう悪を犯してもかまわない。悪人を救うのが本願であるから、どんな悪いことをしてもすべて救われるという邪義である。これは、自力をひるがえされることなく、自分自身を破られたことのない人間が、自己の過ちが救われることを主張するもので、そのようなものが正しい宗教であるはずはない。それは、単なる自己主張、自己弁解の道具として弥陀の本願を利用しているだけである。

しかし、いかなる時代にもこの造悪無碍の異義は浄土門にあったのであって、現在も存在しているという。九州の方でもそういう話を聞くことがある。聖人は「薬あればとて毒を好むべからず」とお手紙の中で仰せられている。そういう異義に迷わされた人たちの「悪しざまなる様子」が聖人を心痛せしめ、聖人をして善鸞を自己の名代として関東に遣わし、この異義を正そうとさせたのである。

そのまちがった人たちに対処する善鸞のゆき方は、どういうものであったか。

善鸞の主張（宮地氏による）

彼は言った。

1　信をいただいたものは無明の闇からさめて、すこしずつ善いことを行い、悪いことを改めようとする。このような努力をするのが仏道を進む者の道である。本当に信心をいただいたものは、すこしずつでも悪いことを改めようとする。決して悪を思うままにしてもかまわないということがあるはずがない。無明の酔からさめて、すこしずつ善を行うことを心がけるのである。だから、信の人は善を実行し悪をやめることに努力する。

2　この努力をしない人は信の人ではない。善を励もうともせず、悪をやめようとしない者は信心のない人である。

これが善鸞の主張であったが、この主張が関東の教団に大きな波紋を生んだ。

善鸞の言い分は二つある。

一つは、信心の人は悪をやめようと努力する。

二つは、そういう努力をしない人は本当の信心の人ではない。

どこが問題なのか。どこがまちがっているのか。これはよく知っておかなくてはならない。これに似た話がある。

①　信心の人はお寺に寄付をする。

②　寄付をしない人は信心の人ではない。

この二つにまちがいはないであろうか。

①を正しいと思う人、②を正しいと思う人、③わからない人。ある会で皆さんに聞いて

みたことがあるが、わからないという人が多かった。

①は正しい。信の人は努力する。信心はそういう働きをもっている。信は如来より賜ったものであって、それは菩提心であり、願作仏心であり、度衆生心である。信心をいただいた人は自利利他のために、努力する心を与えられる。

けれども②の、このような働きのない人は信の人ではないということ、これはまちがっている。

どうしてか。それは、その人の宿業というべきか。その人をつなぐ重い煩悩の首かせというべきか。その人の個性によって、信はあっても悪業を直せない人がある。また、善を行じ得ない人もある。

耳四郎

耳四郎がその例である。この人は法然上人の時代の大泥棒であった。それがとうとう法然上人の御弟子になった。けれども、泥棒を一生やめることができなかったという。しかし、盗んだ物は返したとのことである。

人は皆疑った。念仏申し、信心のある人が泥棒するとは何事か。そんな者は本物ではないと思っていた。けれども彼が亡くなったそのあとには、黄金の仏像が残っていた。この話は彼が仏になったということを言おうとしているのである。

われわれ自身はどうか。長く仏法をいただくことで何が直ったか。腹が立つのが立たないようになったか。泥棒はしないかも知れないが、いろいろな欲求をおこしてまちがいをひきおこす性質が直ったかどうか。直ったか直らないかということを問題にして、悪いところが直ったら本当の信で、そうでないものは本当のものでないといわれたら、信心の人はいなくなるのではないか。

信の人は、みな自分が「耳四郎」であって、お粗末な「出離の縁あることな」き「大罪人」とめざめている人であろう。

「無慚無愧のこのみにて　まことのこゝろはなけれども……」と聖人は申された。しかし、われわれの心は、どこかで善鸞の主張が本当と思っているのではないかと思う。真の人は努力するはずだ、努力しない人は本物ではない、と。このため関東の教団は大動揺をきたしたのである。

古くから深く聖人の教えを聞いていた人は、みな善鸞の説に反対した。

「善鸞さん、あなたの言うのはちがう。②の努力しない人は信の人ではないというのはちがっている」と言ったであろう。善鸞は、「いや、そんなはずはない」とがんばって、ついに「私はちゃんと父の親鸞から、誰もいない夜中に特別の法門を教わった」と言ってしまった。

「あなた方は十八願、十八願、悪人往生としきりに言うけれども、十八願はしぼんだ花である。それぱっかりを大事に考えているのは本当の道でない」と力説した。

善鸞は、とうとう鎌倉幕府や六波羅探題にまでも訴えたという。自分が父の名代として派遣されているのにその自分の言うことを聞かないといって訴えた。そんなことがあって、聖人はとうとう善鸞を義絶せざるを得なかった。これは八十四歳の聖人にとって、自分の後継者とも頼む人を追放して親子の縁を絶つというのだから、大悲劇である。このとき聖人は自分の育てた関東教団に対する責任をひしひしと感じられたであろう。このことは同時に、いわば宗教者としての自己破綻である。それは宗教家としての単なる社会的な失敗だけではなくて、自分の子どもにさえも本当の教えを伝えることができなかったことへの自責の念、そういうものを痛切に感じられたことであろう。

義絶以後の聖人

この悲痛な現実の中で聖人は何をされたか。そこが問題である。さきに述べたように『真宗年表』によると、『往生論註』の加点をされた。それを終えられたのが七月。『往生論註』といえば、天親菩薩の『浄土論』を曇鸞大師が註釈されたものである。これをいただきなおされた。加点とは原文に、送り仮名、返り点をつけて行くことである。聖人は『往生論註』をそれまでにも何度も読まれたにちがいないが、加点を新しくやりかえる作業に着手され、それを七月に終えられた。これはおそらく一ヵ月以上かかるであろうから、この善鸞の事件の直後か、少なくともその前後から着手されたのではなかろうか。『往生論註』の加点の次に『西方指南抄』を書写された。これは法然上人の言行を親鸞聖人が書き集められたもので、法然上人のお説教や、お手紙その他物語などを書かれたものである。つまり聖人は、この時点で法然上人の教えをいただきなおされたことがわかる。

そして十一月に『往相廻向還相廻向文類』(『二廻向文類』ともいう)を書かれた。それは義絶から半年後である。この『二廻向文類』を読むと、聖人がこの善鸞事件の半年後には傷心の底から立ち上られた姿を窺うことができる。この書物から、聖人が如来の大きな廻向を感得されていたことが明らかに読みとれる。それが十一月である。この『二廻向文類』が著述されるについては、善鸞義絶後、まず曇鸞大師の教えをくり返し頂戴し、さらに法然上人の教えを再思、三思されたのである。そして、ついに「如来の本願」にたちかえり、「苦悩の有情をすてずして」、自己の全体を廻向して届けずばやまず、助けずばおかないという「大悲心」をこの身の事実としてふかく感銘されたのであろう。

『二廻向文類』は次の引文から始まっている。

『無量寿経優婆提舎願生偈』に曰く。「いかんが廻向したまふ。一切苦悩の衆生を捨てずして、心常に願を作さく、廻向を首として、大悲心を成就せることを得たまへるが故に」。(原文は漢文)

この文から聖人が和讃をつくられたのが次の一首である。

如来の作願をたづぬれば
苦悩の有情をすてずして
廻向を首としたまひて
大悲心をば成就せり (正像末和讃)

また、この文類の終りには法然上人の教えをいただかれている。

「他力には義なきをもて義とす」と大師聖人は仰言ありき。

とある。はからいなきを正しいわけがらとする。あるいは、はからいのない道に立たせていただくことが如来の御はからいである。「義なきをもて義とす」る法然上人の教えをいただいて、「はからいなし」の天地に出られた。

「如来の作願をたづぬれば 苦悩の有情をすてずして」苦しみ悩んでいる私というものが如来の本願の対象であった。そして「はからいなし」という天地を法然上人より教えられて「義なきをもて義とす」といただかれた。そして次の年の二月に「弥陀の本願信ずべし」と夢の中に教えられた。この夢告讃から正像末和讃製作が始められたのである。

現実を浄土の縁とする

以上のようなことが善鸞義絶以後に起った。このようにみると人生の悲劇、この世のいたましい現実問題をわが身にうけて、そこから立ち上っていかれた晩年の聖人の姿が明らかに窺い知られる。

『二廻向文類』や正像末和讃は、単に無心に如来の廻向をよろこんでおられる晩年の聖人の感銘をあらわしたというようなものでなしに、悲痛な現実問題を抱いて、この現実を金《かな》床《とこ》として、教えのハンマーをわが身に受けて立ち上った聖人の感動を述べられているのではなかろうか。重い大きな現実問題を抱いて、それを契機とし、ついにそれを超えた世界に出られた。ここに正像末和讃の縁由があると私は思う。私は寡聞でこういう論旨を聞いたことがない。けれども、この二つの事柄には一連のつながりがあると考える。私は聖人の教えを思うと次のように口ずさまざるを得ない。

人生を結論とせず
人生に結論を求めず
人生を浄土の縁として生きる

これを浄土真宗という

聖人の晩年は殊にこういう生き方ではなかろうか。われわれが晩年になりこれほど大きな失敗をしたならば、この年齢になってこんな手ひどい失敗をしでかして、もう立つこともできない、わが人生もこれで最後だ、私の人生もこれだけのものだったのか、と結論づけてしまうことだろう。こうして自分で自分の人生に結論を出したがるのが私である。

しかし聖人はそうではなかった。何が起ろうとそういう現実を浄土の縁として、いよいよ本願をいただいて願生道をつらぬいていかれた。それが浄土真宗の生き方である。

「如来の作願をたづぬれば　苦悩の有情をすてずして　廻向を首としたまひて　大悲心をば成就せり」。人生のすべてが、如来本願のゆえに浄土の縁となって、ついに「弥陀の本願信ずべし」と、正像末和讃の夢告讃につながっていく。聖人はこういう生き方をなさった。そこに現実を浄土の縁とする不可思議な仏願に遇われたお姿がある。こういう浄土真宗の生き方があることをわれらに教えてくださったのが聖人である。

正像末和讃の縁由というものを、そのように頂戴できると思う。

草稿本の構成

ここでもう一度正像末和讃の初稿本、つまり親鸞聖人が八十六歳で完成された正像末和讃と、それから約二百年後に蓮如上人が開版して出された文明本の和讃とをくらべて検討したい。島地版聖典の正像末和讃は文明本によっていて、蓮如上人の発願による開版本と同じ内容である。それを三帖和讃の中の正像末和讃という。これと初稿本の正像末和讃とはどういうふうにつながっているか。またどこがちがっているか。その点をもう一度はっきりしたい。そうすると正像末和讃とは何かということがよりよく理解できると思う。

すでに述べたように草稿本の初めは、

五十六億七千万
弥勒菩薩はとしをへむ
念仏往生信ずれば
このたびさとりはひらくべし

という和讃からはじまっている。その三十六首目に夢告讃があり、夢告讃につづいて次の文がある。

この和讃をゆめにおほせをかふりてうれしさにかきつけまいらせたるなり
正嘉元年丁巳壬三月一日
愚禿親鸞八十五歳書之

以下五首が書かれ、草稿本には計四十首の和讃がある。

再び初稿本と文明本の相違点

草稿本の次が、初稿本といわれるものである。これは聖人の筆ではない。高田の顕智上人の筆であり、初めに次の文章が出ている。

般舟三昧行道往生讃に曰く
敬ふて一切往生の知識等に白さく
大きに須らく慚愧すべし
釈迦如来は実に是れ慈悲の父母なり
種々の方便をして我等が無上の信心を発起せしめたまふ（原文は漢文）

文明本にはこの文章がない。その次に夢告讃がある。これは文明本も同じである。以下両本を対比してまとめると次のようになる。

〔初稿本〕	〔文明本〕
般舟三昧行道往生讃に曰く……大きに須らく慚愧すべし……（前出の文）	（なし）
康元二歳丁巳二月九日夜 夢告讃	同上

「弥陀の本願信ずべし……」

○正像末法和讃

（和讃省略する）

已上正像末之三時弥陀如来和讃五十八首

○愚禿述懐

（和讃省略する）

・已上疑惑罪過二十二首

仏智うたがふつみとがのふかきことをあらはせり　これをへんぢけまんたいしやうなんどゝいふなり

同上

○正像末浄土和讃　愚禿善信集

（和讃省略する）

已上正像末法和讃五十八首

○上の題はなし

〔疑惑和讃〕となっている

（和讃省略する）

・已上二十三首仏不思議の弥陀の御ちかひをうたがふつみとがをしらせんとあらはせるなり

※二首目が追加されている

（なし）

○愚禿悲歎述懐

已上三十三首
愚禿悲歎述懐
草本云
正嘉二歳九月二十四日
　親鸞八十六歳

（なし）

（なし）

（なし）

○皇太子聖徳奉讃

○愚禿悲歎述懐

※五首追加されている

已上十六首これは愚禿がかなしみなげき
にして述懐としたり　この世の本寺本山
のいみじき僧とまふすも法師とまふすも
うきことなり
釈親鸞書之

○〔善光寺如来和讃〕

○〔自然法爾章〕

右斯の三帖和讃幷びに正信偈四帖一部は

末代興際のための板木を開くものなり
文明五年　蓮如

このようになっている。親鸞聖人のつくられた浄土和讃、高僧和讃はつながっていたけれども、正像末和讃は別個のものであった。上人はそれを三つ一緒にして「右斯の三帖和讃」とまとめられ、これに正信偈を加え、末代興際（興際は、際を興すの意）、末代に興隆させるために、これを版本にして発行する、ということで文明五年に出版された。すでに申したようにその底本は明らかでない。しかし三帖和讃としてまとめて出されたお方は蓮如上人ということは、はっきりしている。以上の比較と、以前にあげた比較とを併せ、初稿本と文明本の和讃にはかなりの相違点があり、それはとくに、正像末和讃において著しいことがわかる。

相違点の意味するもの

そこの違いをもうすこし詳しくみてみよう。

1　文明本では、初稿本の初めにある「大きに須らく慚愧すべし」という『般舟讃』の文が除かれている。

2　「正像末法和讃」が、文明本では「正像末浄土和讃」になっている。名前も「愚禿善信」となっている。初稿本には名前はない。

3　文明本では、「愚禿述懐」という文字を除き、「疑惑和讃」とし、さらに一首加えて二十三首にしている。初稿本は愚禿述懐の最後が、「仏智うたがふつみとがのふかきことをあらはせり　これをへんぢけまんたいしやうなんどゝいふなり」となっていて、「仏智うたがふつみふかし」という和讃そのままに聖人の自分のこころを出されている。文明本では、「弥陀の御ちかひをうたがふつみとがをしらせんとあらはせるなり」とあって、弥陀の御ちかいを疑う罪とがを人々に知らせようとしてあらわしたという文になっている。仏智を疑うのは人々であって、そういう罪とがが皆にある。それを聖人が知らせようとしてつくられた和讃にかわっている。しかし初稿本ではどこまでも愚禿述懐である。愚禿述懐とは、親鸞自身の思いを述べたもの、愚禿である私のこころの思いである。そこでは、仏智疑う罪とがというのは、聖人ご自身の懺悔である。聖人が自らの仏智疑う罪とがふかいことを明らかにされている。したがってこの二十二首と後の愚禿悲歎述懐とを合わせた三十三首ことごとくが、「已上三十三首　愚禿悲歎述懐」と結ばれているのである。

この点が文明本では、他の人のことになっていて大きく初稿本とちがう。文明本では、仏智疑う罪とががあることを皆に知らせようとした和讃になっていて、ご自分のこととは直接関係ない。ここが非常にちがう。さらに皇太子聖徳奉讃が入り、また、愚禿悲歎述懐として五首加わっていて、聖人が後につくられたものが次々と加えられている。その最後は、「已上十六首これは愚禿がかなしみなげきにして述懐としたり」、ここは愚禿の述懐であるが、「この世の本寺本山のいみじき僧とまふすも法師とまふすもうきことなり」と言って、当時の比叡山や南都のすぐれた僧というても法師というても無慚無愧のことであるといって、そういう他の存在に対する悲しみをのべられた悲歎述懐の十六首になっている。そして五首多い。この五首はごく晩年になってつくられたもので、「五濁邪悪のしるしには　僧ぞ法師といふ御名を　奴婢僕使になづけてぞ　いやしきものとさだめたる」以下の四首がそれである。これらは初稿本にはない。これを入れると、何やら他の人の生き方が自身の悲歎のたねとなった述懐にかわっている。これらは聖人の初稿本にはなかった。主たるものは、前の六首であって、「浄土真宗に帰すれども　真実の心はありがたし　虚仮不実のこの身にて　清浄の心もさらになし」というように痛烈な自己批判が述べられたものが中心であった。そうして、前の二十二首とこの十一首を合わせ三十三首、これらはすべて、愚禿自らの悲歎述懐であって、他人に対するものではない。当時の宗教界を批判したものとはちがう。愚禿自身の悲歎がすべてである。

また、文明本にある皇太子聖徳奉讃、善光寺如来和讃、自然法爾章などは初稿本にはなかった。この三つが入ることによって、親鸞聖人のおっしゃろうとしておられることが非常に稀薄化されている。これを入れたために、正像末和讃で聖人は何を言おうとしておられるのかということが明白でなくなった。さきに比較した文の上欄と下欄をくらべてみると、三帖和讃にまとめるために、本来親鸞聖人がつくられた初稿本に加えて、晩年に聖人がつくられた和讃を増して水増ししてあることがわかる。晩年のものをとにかくすべて加えたのである。そして、聖人は全体としてこういう和讃をつくられたという趣旨で、三帖和讃としてまとめた。文明本はこのように聖人の正像末和讃の本旨というものを問題とせず、これをまったく無視して、和讃全体をまとめるために体裁を整えたもので、この結果、聖人が正像末和讃をつくられた意図は、まったくといっていいほど無視されているといわねばならない。

讃嘆と慚愧

初稿本では、「已上三十三首　愚禿悲歎述懐　草本云　正嘉二歳九月二十四日　親鸞八十六歳」で切ってある。草本というのはよくわからないが、草稿本というような意味だと思う。それは先の草稿本ではなくて、顕智が浄書したその元になっている草稿本の意だと思われる。

初稿本には、三つの内容が述べてある。正像末法和讃と愚禿述懐と愚禿悲歎述懐である。

このうちあとの二つは、あわせると一つとなり、終りに「已上三十三首」とまとめてある。したがって正像末和讃の内容は、二つである。一つは正像末法和讃五十八首、二つは悲歎述懐三十三首、これが本来の正像末和讃なのである。この二つが聖人の正像末和讃の内容であり、すべてである。それ以上はなかった。少なくとも初稿本においてはなかった。

初稿本の正像末法和讃五十八首では、すでに申したように、如来廻向の教えによって晩年の悲境の中から見事に立ち上られた聖人のよろこびが、縦横無尽に讃嘆され感謝されよろこばれている。そして後の三十三首では、懺悔慚愧されている。自己自身のいわゆる仏智疑惑、不了仏智、現実を信受しない不徹底さというものを悲しみ歎いて念仏申された。それが本来の正像末和讃である。そういうように理解すべきであろう。そこがはっきりしてこそはじめて、正像末和讃ができた縁由が明らかになり、聖人の晩年の、信力増上と円熟されたおこころを知ることができるにちがいない。

聖人をカリスマ化した文明本

くり返し申しているように、島地版の聖典の正像末和讃は、文明本によっている。したがって、かなり初稿本と内容が変っており、そのため本来の意味がずいぶんあいまいになっている。

初稿本では悲歎述懐も愚禿親鸞自らの述懐が中心であることがよくわかる。したがって最後も、「愚禿悲歎述懐」としてまとめてある。他の人のことを言っているのではない。この点はくり返し述べた。文明本では、聖人は指導者意識をもってみんなに教えるという立場に立っておられる存在としか解釈されない。こうして聖人は偶像化・カリスマ化され、本当の求道者としての姿が伝えられなくなってきたのではないか。私は文明本の罪は大きいと思う。

また文明本では、聖人が八十六歳以後に書かれたと思われるものを全部、正像末和讃に入れてしまって、あげくのはてには自然法爾章というような文章までも加え、これらをまとめて「正像末浄土和讃」というふうにしてしまった。そして形だけを整えて題目に浄土の文字を挿入し、三つの浄土和讃ということにした。はじめは浄土和讃、次は浄土高僧和讃、そして正像末浄土和讃として三帖がそろっているという趣にまとめた。しかし本当は正像末和讃でよいのだ。正像末の三字だけで、その中に聖人の悲歎と讃嘆がこもっている。正像末浄土和讃などという必要はまったくない。蛇足とはこのことであろう。

正像末和讃をいただく時には、初稿本と文明本のどちらをテキストにしたらいいのか。私は初稿本にかえるべきだと思う。初稿本でいただかないと本当の正像末和讃はわからない。したがって晩年の聖人の真の教えというものをいただくことができないと思う。

聖人八十六歳で正像末和讃ができた。そのあと四年で聖人はなくなられるのである。この正像末和讃も大半は自分の筆ではない。他の人の筆である。聖人は「目も見えず候、何事もみな忘れて候。（あさましくなり候）」というお手紙を八十五歳で書かれている。正像末和讃もやはり自分でお書きになるお力がなかったのであろう。したがって、この和讃を書いた後に、全体を統括して巻頭讃に「弥陀の名号となへつゝ……」などをあげたりするお元気はなかったというべきではないか。そう考えるのが妥当であろう。三帖和讃としてまとめるお元気はなかった。しかしなくなられるまでに初稿本の正像末和讃以後、さらに何首かの和讃をつくられた。それは充分可能性がある。その和讃が皇太子聖徳奉讃であり、善光寺如来和讃であり、自然法爾章等ではなかろうか。あるいは帖外和讃といわれるようなものの大半は初稿本の正像末和讃をつくられた後の作であろう。聖人にはそういうお力はまだ残っておられたと思われる。

しかし、聖人がこれらをまとめて一つにされたということは考えがたい。そうすると三帖和讃をつくられたのは誰か。それは蓮如上人であったというのが正当と思う。けれどもこれは憶測にすぎない。それ以上は申さないことにする。ただ、なぜさきに述べたようなところが文明本では変えられているのか。それについて私見を申しておこう。

仏智疑惑の罪

聖人が仏智疑惑を自分の罪とがとしていただき、不了仏智の罪とがを御自身のこととして懺悔された和讃を、意図的に変更して、他の人の問題にすりかえ、題目を「愚禿述懐」から「疑惑和讃」に書き変えたのはなぜか。それには相当の理由があると思う。

その一つは、この正像末和讃の初稿本が高田派の顕智上人の筆になるものであって、聖人の自筆ではないところにあるのではないか。顕智上人が書かれたものが本当に聖人の仰せであったかどうか、その点を疑えば疑えないことはない。こういうことを聖人がおっしゃるはずはないという考えをもったある人たちが、その考えにそってすこし訂正してしまったのかもしれない。御自分のことにはしないで、皆の人への教えということにして、皆の人がもつ仏智疑惑の罪とがを知らせようとされた和讃なのだとする。そして愚禿述懐和讃も、初めの方は自分のことを言っておられるけれども、終りの方は聖道門の本寺本山の法師たちの無慚の姿をなげかれた、そういう意味の悲歎述懐であったのだということにした。

それは聖人の自筆で書いてあるのではないから、遺弟としては、聖人がそれほどまでに自己自身を歎かれたとは思いにくいところがあって、一般論としてまるめることになったのではなかろうか。私もそれくらいのことはするかもしれない。自分の思う方向にすこし修正してあたりさわりの少ないようにすることを「まるめる」という。その人のことばのままを伝えると、いろいろあたりさわりがある場合もある。だからそこを上手に言いつくろう。そういうふうに「まるめる」ということは遺弟としてはあり得ることである。したがって、一応文明本の立場というのもわかる。

文明本の立場を私はこのように勘案した。その上に立って、自分としてはどちらを取るか。それは自分で決めなくてはならない。学問というものにはそういうところがある。宗学も同様である。どちらを取るか。それは各人の問題である。私は結論として初稿本をとった。

『歎異抄』第九章

晩年の聖人のおこころは、そのほかの著述からもうかがえる。聖人が思いもかけず、善鸞の問題にあわれたことは、『歎異抄』などにもあらわれていると思われる。たとえば『歎異抄』第九章は唯円という弟子の質問から始まっている。

念仏まをし候へども踊躍歓喜の心疎に候ふこと又いそぎ浄土へ参りたき心の候はぬは如何にと候ふべきことにて候ふやらん。

唯円のこの現実感あふれる質問は、親鸞聖人にとっても善鸞義絶という現実に立ち向かわなければならなかったことと無関係のことではなかった。そのことがこの文の続きから伺える。

親鸞もこの不審ありつるに唯円坊おなじ心にてありけり。

「親鸞もこの不審ありつるに」、「親鸞も」というところが大事である。この不審とは「如何にと候ふべきことにて候ふやらん」という不審が「ありつる」、ありつるとは過去のある時、それも比較的近い過去にそれがあったことを言っている。「ほととぎす鳴きつる方を眺むればただ有明の月ぞ残れる」という歌は、ほんのいまほととぎすが鳴いた。その方向を見たが、すでにほととぎすの姿はみえなくて有明の月だけが残っている、ということであろう。親鸞もそのような不審をもったことがあった。この『歎異抄』にある親鸞の不審ということばから、善鸞義絶からくる聖人の悲歎の一端がうかがえるように思う。

また、第二章では「おの〳〵十余箇国の境を越えて身命を顧みずして尋ね来らしめたまふ御こゝろざし云々」とある。常陸の国からお弟子たちが聖人のおられる京都まで命がけで尋ねて行ったのである。それはおそらく善鸞の異義のためであろう。それが第二章に出ている。こういう文章と関連して考えると、第九章もやはりあの事件とつなげて読むことができるであろう。聖人は善鸞義絶の現実と直面して、解きがたい課題をかかえておられた。そして、「如何にと候ふべきことにて候ふやらん」と考えておられた。この課題をとくため、おそらく自分の最も信頼する善知識の書物を読まれたにちがいない。

こういう時、自分の信頼する師は何と答えてくれるだろうか。聖人は曇鸞大師の『往生論註』の加点をはじめられた。また法然上人の言行録ともいえる『西方指南抄』を浄書された。そして十一月にとうとう書物にしてあらわされたのが『往相廻向還相廻向文類』であった。この約半年間は、少なくとも善鸞によって引き起された現実を問題にされていた時期ではないかと思われる。

その課題がとけてふかい感動が与えられた。それは何であったか。

一つは初稿本の初めの「大きに須らく慚愧すべし」からはじまる思いである。二つには、いよいよ如来の他力の廻向を感じとることで開かれた正像末和讃の最後の「如来大悲の恩徳は　身を粉にしても報ずべし　師主知識の恩徳も　骨を砕きても謝すべし」というような大きな感謝の念である。さらにいえば、仏智疑う罪とがなど私には毛頭ないと思っていたが、「如何にと候ふべきことにて候ふやらん」、どうしてこんなことが起ったのか、どうしたらよいのか、とおそらく聖人も考えられたであろう。そう考えるところに、実は如来を無視して自分のことだけを考えているふかい自己中心性があった。「仏智うたがふつみふかし」、そういうお粗末な自己を発見して、悲歎述懐され、懺悔された。この喜びと懺悔。これが『歎異抄』第九章に語られているのであり、このおこころが正像末和讃となっているのである。

そういただくと、第九章も正像末和讃も本当によく領解できる。こころからいただけると思う。こういう純粋なこころをあらわした和讃に、いろいろとごたごたした他の和讃を入れると純粋さが失われるとともに、本当の意味がわからなくなる。そういう夾雑物を除いて、元の初稿本にかえって正像末和讃はいただくべきである。その時にはじめて、聖人の晩年のふかい喜びとふかい悲しみを知ることができると思う。

悲歎述懐和讃

正像末和讃の初稿本では、本願他力のすぐれた働きに対する感謝がまず五十八首の和讃になっている。これが正像末法和讃である。つづいて深い懺悔が愚禿述懐と愚禿悲歎述懐の三十三首として出されている。不了仏智の自己の罪とがが悲歎述懐されているのである。

この、始めの五十八首の和讃は、次の三十三首と内容的に切り離せない、そういう意味をもっている。正像末和讃五十八首と愚禿述懐、愚禿悲歎述懐三十三首はバラバラでなしに、二つが一つものである。初めの五十八首をもって喜びと感銘を表し、あとの三十三首をもって懺悔を表し、自己の罪とがを謝する。そういう述懐の和讃であるから、この二つで一つ。この両者で一つにまとまり、一体の和讃になっている。その他の和讃はここには不用である。文明本に集められているその他の和讃等は晩年の作としては意味があるが、正像末和讃としては、無意味である。正像末和讃は、くり返すとおり、さきの二つだけを一体として考えるべきものである。これが、正像末和讃をいただくテキストとしては初稿本をすすめたい理由である。

仏道における理想主義

そうすると、いろいろといわなければならないことがある。第一には、この初稿本の一番始めの『般舟讃』のことば。この意味を明らかにしなくてはならない。第二には、なぜこの正像末和讃ができたのか、製作の縁由である。すでに全体的な縁由についてはすこし述べたが、さらに具体的な因縁を明らかにしておくことが大切となろう。

人は現実と出会って、現実を本当に受けとめることができたら、そこに大きな飛躍をもつ。正像末和讃の製作は晩年における聖人の大きな飛躍といえるだろう。飛躍とは何か。それは他力の廻向をさらにふかくよろこぶ身となって、そして一方、自身のふかいふかい不了仏智、こういうていたらくの愚か者だということがよりふかくわかるようになることである。それがわからないうちは、本当に底が抜けていないのである。底抜けによろこべない。真の飛躍のためには、底抜けの場をくぐって来るということが大事である。そのことが二十願の世界を超えるという問題である。しかしそれはなかなか超えられるものではない。また、一度超えたらそれで終りというものでもない。生涯かけての問題である。現実に出会いつつ生涯かけて化土を超えさせてゆくのである。現実との出会いが信心の進展の上に大きな意味をもっている。

晩年の聖人にとっては、善鸞の事件がこのような現実としての意義をもったと思われる。その答えが『歎異抄』第九章に出ているのではないか。「他力の悲願は此の如きのわれらがためなりけり」がそれであろう。

仏教をはじめて聞く人の立場を理想主義という。理想主義とは、かくあるべし、かくあるべからずという考え方である。仏法ではこれを定散自力《じょうさんじりき》という。教えを聞いても、はあ、ああいうふうにならなければならないのだ。こういうことではいけないのだ。というように聞こえる。「念仏申そう」という話を聞くと、念仏申さねばならないと思う。念仏申すのがよいと聞こえる。勤行というと、勤行しなければならない。勤行すべきだと考える。そういうように聞くのを理想主義の立場で聞いているという。

理想主義は譬えていえば砂である。砂の上に釘をおいてハンマーで叩いて錆をおとそうとすると、叩けば叩くほど釘は砂の中にめりこんで、ハンマーの力は届かない。理想主義の砂の上で聞いている限り、本当は教えにであっていない。本当には教えが届いていない。

しかし、われわれは長い間、理想主義の立場で聞くしかないのである。その世界を十九願といい、そこからやがて二十願に至る。二十願というのは、聞法していよいよ念仏申そうと願う世界である。なるほどそうだ。聞法して念仏申すしか道はないと、理想主義が念仏一つにしぼられてゆく。その転回を二十願という。聖人は十九願と二十願について化土巻で論じられている。

現実こそ聞法の場

かくあるべし、かくあるべからず。他の人も私をそう見る。「仏法を聞いても何も役に立たんじゃないですか。あなたは一つも変っていませんよ」という。この人は、何か変らないといけないと思っている。仏法を聞いたら変るはずだと考えている。そういうように、自分も考え、人も思っている。この理想主義の段階から真の宗教に進展していく。それが本当に教えが届くということである。そのためには、本願の教え、南無阿弥陀仏の本願が私に届くということ以外にはない。それには、私が理想主義の砂の上にいたのではダメである。現実という金床の上にわが身が置かれることが大切。その上に置かれてはじめて教えのハンマーが身にとどくのである。砂の上で本願のハンマーを身にうけても、わが身はますます理想主義の砂の中に入りこんでゆく。そして本願はとうとう領解されないままで終る。

金床とは、「どうしてこんなことになったのか」「どうしたらよかろうか」「どうして私だけがこんな目にあわねばならんのか」というしかないような現実との正面からのであいである。これがあなたを転回させる。これが私に本願の教えを受けとらせる。現実とのであいが、われわれの聞法の場である。砂の上から出てこの金床の上に身をおいて仏法を聞いたら、仏法はどういう姿でその人に入ってくるのか。それには、二つの方向がある。

一つには、「本願のかたじけなさよ」という方向である。それは、教えに対し、教えの根本である南無阿弥陀仏に対し、弥陀の本願に対して、「助けんと思召したちける本願のかたじけなさよ」という感謝となる。それがこめられているのが正像末和讃五十八首である。

そしてもう一つ。現実の金床を通して「仏智疑惑、不了仏智」「自力のはからい」「自己中心の考え」がわかる。そういう自己自身にめざめる。自己の発見である。「どうしてこうなったか」というのも、「こんなはずではなかったのに」というのも、「どうしたらよいのか」というのも、「私だけが」というのも、せんじつめると、私だけを考えていて如来の如の字もこころに出てこない。「御恩」ということも「報謝」ということも全然思わない。「私が」、「私が」「私が」……である。そこに私中心のふかい自己執着がある。それを仏智疑惑、如来無視、不了仏智という。如来のことはうち忘れて、自分がどうしたらよいかということで右往左往している私の実体がわかる。それが仏智疑惑の状態である。そこで「仏智うたがふつみふかし」という懺悔が出てくる、これが第二の「愚禿悲歎述懐」である。これが悲歎述懐である。

この懺悔とさきの感謝。これが出てきてはじめて本願の教えを聞くということが成立する。それは現実という金床に置かれてはじめて可能となるのである。あるいは悲劇、あるいは思わぬできごと、親鸞聖人においては善鸞の事件、このような現実をくぐってこそ可能となる。われわれにおいても病気をするとか、いろいろな事件が起ることとか、苦しいことが出てくる。それを人生の結論としてあきらめて受けとるのではなく、また反撥するのでなしに、浄土の縁と受けとめる。そうすることで、現実に私の聞法の金床となり、本願を受ける舞台となる。そこに現実のもつ意味がある。価値がある。その時に大きな発展、二十願の世界から十八願の世界への大飛躍が与えられる。それを、如来の教えがわが身に届くという。その世界が述べられているのが、親鸞聖人のこの正像末和讃といえよう。

二十願から十八願へ

二十願からの脱出

われわれは、二十願の世界に長くとどまっている。これを破るのは現実である。さきには悲劇という言葉を使ったが、現実とは必ずしも悲劇だけではない。

あなたが、もし、「どうしてこうなったのか」「どうしたらよいのか」ということを言わなければならなくなって、「私だけがどうしてこんな目にあうのか」というようなことを問題にし始めたならば、それはとりもなおさず『歎異抄』第九章の、「如何にと候ふべきことにて候ふやらん」という質問をあなた自身でしているということなのである。その質問が出てくるときこそ現実と本当にであうのである。その時、あなたは、あなたを進展させる大きな舞台が与えられつつあると知るがよい。決してこの機会をとり逃してはならない。

二十願の世界は、二十願の中にいる間はわからない。それを出て初めてわかる。ということは、二十願は自己中心の知障というか、いわゆる如来無視のただ中にいるのであるから、そのような中にあっては如来無視はわからない。それを出てはじめてわかる。出たところが十八願。十八願という世界は、二十願の中にいる自己の姿がわかる世界である。

仏智不思議を疑って、如来無視で生きている私だとわかる世界が十八願である。だから決して「私は十八願の真ただ中にいる」というような自己顕示はできない。私は十八願の世界にいるという自己肯定が二十願そのものである。その自己肯定が破れて、私は二十願の世界にとどまっていた、「仏智うたがふつみふかし」と、目がさめたところが二十願の世界を出たところなのである。

聖人はその実態をよくよく教えられている。それがよくあらわされているのが愚禿述懐の和讃で（文明本ではカッコして疑惑和讃となっている）二十二首ある。初稿本では文明本にある第二首がない。また、順序もすこしちがっている。

ともかくまず愚禿述懐を、読んでみよう。

不了仏智のしるしには

如来の諸智を疑惑して

罪福信じ善本を
たのめば辺地にとまるなり

仏智の不思議をうたがひて
自力の称念このむゆへ
辺地懈慢にとゞまりて
仏恩報ずるこゝろなし（文明本のみ）

罪福信ずる行者は
仏智の不思議をうたがひて
疑城胎宮にとゞまれば
三宝にはなれたてまつる

仏智疑惑のつみにより
懈慢辺地にとまるなり
疑惑のつみのふかきゆへ

年歳劫数をふるととく

以下ずっとつづいて、このしめくくりは一番最後のところにある。それは初稿本では、「已上疑惑罪過二十二首仏智うたがふつみとがのふかきことをあらはせり」とあり、自分の罪とがを表す文となっている。そのように、自分の罪とがを見出すところに十八願の世界がある。まことに聖人はそのことを身をもって教えられている。

浄土真宗の成立

二十願の世界というのは、仏法を聞き始めた人には非常にわかりにくい世界である。これは気の毒だが、しかたがない。自己中心的で、仏智疑惑の人の世界。その世界にいる自己を、こういうていたらくの私と懺悔するところに十八願の世界、真実信心の世界がひらける。そこが大事な求道の中心点である。

では、どうしたらそうなれるのか。それはたいへん大事なことで、ぜひとも知っておかねばならないことである。

第一は、現実との出会いを大切にすることである。現実との出会い、私の身に起きてくる、この受け取り難い現実を大事にしていくこと。現実を大事にするとはどういうことか。現実とは一刀両断に、ただちに解決するというわけにはいかない場合が多い。それに耐えて、現実を自己の問題として、必ず解決したいという願いを抱いて、聞法をつづけてゆくことである。

第二は、いそがず、あせらず、中断せず、聞法を一貫してつづけてゆくことである（曾我量深師のことば）。親鸞聖人は、八十四歳の五月に義絶のお手紙を出されたが、おそらくそれ以前からずっとこれを問題にしておられたことであろう。そして曇鸞大師の『往生論註』をいただき、法然上人の『西方指南抄』を読まれた。そして十一月に、『往相廻向還相廻向文類』を著述した。これらについてはさきに述べたとおりである。『二廻向文類』まで半年が経っている。その間、聖人はこの問題を胸に抱いてすごされたのだろうと思う。このようなきびしい現実の受けとめには、やはりこれくらいの時間はかかるであろう。簡単な問題ではない。いそがず、やめず、中断せず、その問題をかかえて聞いていくこと。そうしたら必ずひらけてくる世界がある。そして必ず大きく飛躍する。なぜかというと、それが果遂の誓いをもった如来の働きだからである。

大経和讃の終りから七首目。

定散自力の称名は
果遂のちかひに帰してこそ
をしへざれども自然に

真如の門に転入する

真如の門とは十八願をいう。果遂のちかいとは、ここまできたもの、すなわち二十願の世界まで出た者は、どうしても十八願の世界に進め入れなければおかないという、如来の切なる願いである。

「ちかひに帰」すとはどういうことか、その教えに帰依して、それに乗托し、おまかせして、聞法一貫することをいう。あせらず、やめず、しかも求道一貫するところに「をしへざれども自然に」、願力自然に、われらはいつしか大きな世界、十八願の世界に出される身になる。これが聖人の領解である。二十願の世界を出て十八願海に入るということは、まことに如来の働きにほかならないとの教示である。

まことにこのとおりである。まことに仰せのとおりであって、このほかに道はない。「をしへざれども自然に」というのは、その人について離れず、しょっちゅう教えていなくても自然に教えを受けとめるということであって、そこに、如来大悲の恩徳、師主知識の恩徳の働きが働いているということである。その時、ふかくその世界に出て、いよいよ明らかに自己自身がわかるようになってくる。そういう内容を示されたのが愚禿述懐である。

ここに浄土真宗の成立がある。如来の願力によって広い世界が人間の上に開けてくる。

正像末和讃においては、このような大事なことが聖人の体解をとおして教えられている。

現実を荷負して立つ

善鸞の事件を、聖人はどういうふうに受けとめられたのであろうか。先に述べたように、聖人は義絶の半年後の十一月に、『往相廻向還相廻向文類』を著作された。その『二廻向文類』をみると、現実を受けとめた聖人の姿がよくわかる。現実を背負って立つ、そこに往相廻向がある。背負って立っていくとは、往相廻向の道に立つことである。これは私の力だけでは、とうていできない。如来廻向によりはじめて可能になったことが、そこに教えられている。

次にこの『二廻向文類』のはじめの文をあげてみよう。

㈠往相廻向之文

『無量寿経優婆提舎願生偈』に曰く「云何廻向　不レ捨二一切苦悩衆生一　心常作レ願、廻向為レ首、得三成二就大悲心一故。」（いかんが廻向したまふ。一切苦悩の衆生を捨てずして、心常に願を作さく、廻向を首として、大悲心を成就せることを得たまへるが故に）。

㈡この本願力の廻向をもて、如来の廻向に二種あり。一つには往相廻向、二つには還相廻向なり。

㈢往相廻向につきて、真実の行業あり、真実の信心あり、真実の証果あり。

ここに往相廻向の内容が出ている。私が今の現実を受けとめて、立ち上って進んでいく。それができるために、私に与えられるもの。如来によって与えられるもの。それが廻向である。廻向が届くところに、私に〝往〟ということが成り立つ。現実を受けとめるとは、現実を荷負して立ち上ることであり、現実を荷負して前進することである。それを往という。往のために与えられるものが、如来の往相廻向である。

南無阿弥陀仏が廻向の主体

廻向とは、如来によって私に届けられるもの。それがあって初めて、われわれは立ち上ることができる。これなくして、立ち上ることはできない。「いかんが廻向したまふ。一切苦悩の衆生を捨てずして……」、聖人はこの『往生論註』の文を和讃にされている。和讃の方がわかりやすい。正像末和讃にあり、草稿本の中にすでに出ている。

如来の作願をたづぬれば
苦悩の有情をすてずして
廻向を首としたまひて

大悲心おば成就せり

始めにあげた漢文の『往生論註』の文というのは、もともとは『無量寿経優婆提舎願生偈』、すなわち天親菩薩の『浄土論』の一節で、これがこの和讃のもとになっている。

聖人はこの和讃の「如来の作願をたづぬれば」というところに、いわゆる左訓をされていて、「みたにょらいのひくわんをおこしたまひしことをまふすなり」とある。如来の作願というのは、阿弥陀仏の大悲の願。「廻向を首としたまひて」、首は「かしら」の意味である。如来の作願、如来の本願をたずねると、「苦悩の有情をすてずして　廻向を首としたまひて　大悲心おば成就せり」。廻向を首としたもう。そこに私まで届いてくださる誓いがあるのだ。それを南無阿弥陀仏という。如なる世界、一如真如、その大きな世界から苦悩の有情に至り届いてくださる。その働きを〝如来〟という。如よりきたって、私に至り届く。その具体的な働きを南無阿弥陀仏という。

南無阿弥陀仏、これが廻向の主体である。南無阿弥陀仏という仏があるのかというと、そのような名称の仏がどこかにいるわけでなく、南無阿弥陀仏という如来本願の働きが働いているということである。阿弥陀仏とは、光明無量、寿命無量のことで、サンスクリット語ではアミターバ、アミターユスという。どちらもかぎりない働きをあらわすことばである。

如（如来／南無阿弥陀仏）

如来　光明無量（照破）→ 苦悩の有情

南無阿弥陀仏　寿命無量（摂取）

苦悩する私を照らす光明無量の働き。そのような私を摂めとる寿命無量の働き。これをあわせてアミダという。無量の光明は、私の煩悩を明らかに照らし出し、照らし破ってゆく。この働きによって私は私の中にあるふかい執着に目覚め、自己中心の自己を知らされる。

寿命無量とは、すなわち無限の御命をもって私の苦しみを包んでくださることで、私のすべてが摂めとられて南無阿弥陀仏になる。南無阿弥陀仏に包まれていく。照らされるがまま包まれて、苦も悩も南無阿弥陀仏と念仏になってゆく。それは如来の廻向による。ただ如来の廻向によって、如なる世界に帰ることができるのであり、そのことがこの世を歩む私の根本の依り所となる。

如来の廻向とは、如来から何かをもらうのではない。信心というものをいただくのでもなければ、安心を頂戴するのでもない。私が教えを聞いて、聞きぬくままに、自己自身が照らされていき、そして、さらにふかく自己自身に目覚めていく。私が煩悩の存在であるということをさらに知らされていく。しかも、私のこの姿が私を苦しめるものにならないで、南無阿弥陀仏になっていく。念仏になっていく。それが、如来の廻向が届いているという事実である。私にふかい目覚めを与え、私に南無阿弥陀仏と念仏する道を与えてくださる。それを南無阿弥陀仏の廻向という。聖人の教えの中心はここにある。親鸞聖人の宗教の中心は南無阿弥陀仏にある。

往相廻向

如来廻向といえば、何か信心をいただくとか、他力を賜るとかいうことを考えるが、それはまったく間違いである。実体的に与えられるものは何もない。ただ、彼いたりとどいて私を照らし、念仏せしめてくださる。私が本当の私に目覚めていく。それが如来の光明無量の働きである。そして私の苦を、南無阿弥陀仏と念仏にしてくださる。光明無量、寿命無量、この二つの働きが、如来廻向である。アミターバ、アミターユスの働きが、私の煩悩を照らし破る。破ってなくすのではない。煩悩はなくならないが、煩悩が私を煩わさなくなる。そして寿命無量のいのちが私の煩悩のすべてを摂めとって、南無阿弥陀仏と念仏にしてくださる。それを如来廻向という。

くり返すように何かをもらうのではない。私の中に何か信心という堅いものをいただくのではない。如来とは働きである。如来は、廻向を首としたまいて、大悲の働きを成就していく。その働きが如来の廻向である。廻向がとどくと、われわれは現実を受けとめることができる。私が、現実、この現前の事実を私の背負うべきものとして受けとることができる。背負うことができるようになる。それは、如来の廻向、如来のお照らしがなければとうていできない。われわれ自身には現実を受けとる力がない。受けとめるには、仏の側からの寿命無量の働き、無限のいのちの力がいる。「南無阿弥陀仏」と、現実を念仏に転換する仏のエネルギーがなければ不可能である。

如来の光明無量の働きによって、われわれは現前の事実を宿業として受けとめる。これが私の受けとるべき宿業とわかる。それが如来の働きである。如来の光明の働き。光明無量の働きを智慧という。それに対して寿命無量の働きを慈悲という。この如来の智慧と慈悲が往相廻向の内容である。

「ただ疑・愛の二心をして了に障碍無から使むるは則ち浄土の一門なり」(『教行信証』信巻、坂東本の読み)。「浄土の一門」とは、如来の廻向はわれらの自障(愛)と自蔽(疑)を、智慧の働きをもって光明無量と照らし破ってくださり、寿命無量とつつんで念仏にしてくださる。それを「障碍無から使むるは則ち浄土の一門なり」という。

われらの「執」がうち破られていく。そこに、私の本当の姿がわかり、ものを見る目が生れてくる。それが如来の働きである。その働きを如来廻向という。われらにおいて、そこに「往」という出発が成り立つ。「往」は前進、進展。「往」は進む方向をもち、進む力をもつ。その二つの根本が南無阿弥陀仏として与えられる。それを「往相廻向」という。これを「必得超絶去、往生安養国」という。超、絶、去、それを往という。超える、いろいろの問題を超えることができる。それを「超絶」という。超え断ち切ることができる。後ろから私をひっぱっている自障自蔽というものを断ち切ることができる。超断。去り離れるということ。去るとは、今の居場所を出ることである。後ろからひっぱっている綱を断ち切り、流転の場を去って行く。それを「往」という。

教行信証、それは往相の廻向をたまわる中からひらけてくる道である。私が前進していくために与えられるもの、それは聞くべき教え。行ずべき行。そして心根、それが信である。さらに証果。悟り。救い。そういう大切なものを与えられる。このような具体的な内容を往相の廻向によってたまわるのである。「如来の作願をたづぬれば　苦悩の有情をすてずして　廻向を首としたまひて　大悲心おば成就せり」。

そこに、受け取り難い現実を受けとる。そういう働きが生れてくる。

善導の二河白道では、〝現実〟は貪欲、瞋恚の二河であった。そして聖人においては、〝現実〟は信巻末にあるように、愛欲の広海と名利の大山にふりまわされているわが身であった。そしてその〝現実〟とは私においては何か。このことが具体的に把握される時、その人の求道は本格化するであろう。

宿業の自覚と還相廻向

今までは、私は私の力で現実を背負ってきたように思い、今からもそうしなければと思ってきたが、これができたのはけっして私の力ではない。これは、如来きたって私を背負ってくださるがゆえに初めて成り立つ。私を、如来自らの背負うべき現実として荷ってくださる大悲があればこそ、私に私の現実を背負う力が生れる。私が現実を自己の宿業として受けとるとき、如来きたって私を如来自らの現実として摂取したもうているのである。こうして私において現実が念仏となってゆくのである。

今、親鸞聖人においては、〝現実〟とは善鸞であった。善鸞がどうしてこんなことをしでかしたのか、どうしてこういうことになってしまったのかと初めは悩まざるを得なかったであろう。そういう思いから出発して、ついにこれが私の背負うべき現実である、私の子どもがこういうことをしでかして、こういうことになっていった。この善鸞の存在が私の背負うべき宿業だった、という目覚めとなって「南無阿弥陀仏」と念仏申された。これがそのまま如来の生きてくださる姿。「如来の作願をたづぬれば　苦悩の有情をすてずして」、私がそのように受けとめ得るような力となってくださった。これこそ如来の廻向にほかならない。

同時にそこに、もう一つの廻向がとどいている。さきの『二廻向文類』には、

二つには「還相廻向」といふは、『浄土論』に曰く、「本願力の廻向を以ての故に、これを出第五門と名づく」といへり。又曰く、「かの国に生れをはりて、還りて大悲を起して、生死に廻り入て、衆生を教化す、また廻向と名づくるなり」といへり。これは還相の廻向と聞えたり。この意は一生補処の大願にあらはれたり。

とある。還は還るということで、他への働きかけのことを示す。善鸞を助けようという願い。それが還相のこころである。これを、「かの国に生れをはりて、還りて大悲を起して生死に廻り入て、衆生を教化す」るといっている。これは、死んだ後のことのように聞こえるけれども、本当は、南無阿弥陀仏の廻向の二つの内容を述べられているのである。南無阿弥陀仏は「往」と「還」との働きを同時に伴っている。自分が進んでいく方向（往）と、自分の使命（還）と、同時に二つのものを与えられる。念仏のこの働きを往相還相二廻向という。死んでから助けにくるというのは、一つの表現である（自分の主観の思いとして、助けようという思いが肯定的には出てこないで、自然に内に具わる実態をこういうようにあらわしている）。実際の内容としては、現にいま善鸞を受けとめ、彼自身を許して、これをどうしても仏にならしめずにはおかないという願いが生れる。それを「仏にな

って助けにゆく」と言っているのである。そういう心の願いをもって、自分はひたすら聞法し進んでいく、つまり往相の一道を進む。往の中に還が入っているのである。

往相だけ、すなわち私が現実を背負っていくというだけでは個人的である。それでは、仏法はいわば自分一人だけの問題として終る。それは大乗仏教ではない。親鸞はすでに善鸞を義絶したのであり、親子の縁を断って、もはや二度とあい見ることもない。けれども、心の中では彼を許し、彼を背負って、これを本当に仏たらしめずんばやまずという、そういう願いをもって生きられた。このことを、「往相」に対して「還相」という。「往」と「還」が同時に成立するところに大乗仏教がある。聖人の「誓願一仏乗」の成就である。

この二つの働きが如来によって成立する。南無阿弥陀仏によってわれわれの心にそういう二つの方向が与えられる。鉄釘に磁性が与えられて磁針となると、一方は北を指し他方は南を指す。片方は自己の前進、自己の確立の方向であり、片方は他への働きかけの方向である。そういう二つの方向は同時に成立する。往相と還相の二つの働きをもつことを、如来の廻向成就という。それは、現実を受けとめるということであり、現実が南無阿弥陀仏になるとき成立する。そういうところから見れば善鸞の事件は親鸞においては完全に解決しているといえる。全面的解決であって何もあとに残らない。そのよろこびが『往相廻向還相廻向文類』をつくらせたのである。

現実を背負っていこうという、前進の方向すなわち往が確立した。それと同時に、善鸞を背負って、仏たらしめたいという、還相の働き。その心の方向が確立して、すべてまったく問題はなくなって、苦悩のかけらも存在しなくなる。これが二廻向の教えの働きである。

煩悩が妨げにならない

この文類の最後には、「しかれば『他力には義なきをもて義とす』と大師聖人は仰言ありき」とある。他力というのは、曇鸞の『往生論註』の教えである。曇鸞によって、如来の廻向を教えられ、そして法然によって、「無義、為義」、真の道は如来のお働きをはからいなくいただいていくところにあるということを教えられた。かくあるべし、かくあるべからずでなしに、はからいなしである。「ただ、南無阿弥陀仏」と法然は教えた。「ただ念仏」、それがはからいなく如来の本願をいただいていく姿である。「こういう私ではいけない」のではなく、「もうすこし立派な私にならなければならない」のでもない。「他力の悲願は此の如きのわれらがためなりけり」「南無阿弥陀仏」である。それが、「たゞ念仏して弥陀にたすけられまゐらすべし」ということである。それをはからいなしという。そのことを、聖人はいよいよ自覚された。ここに現実を受けとめた聖人の姿が出ている。

聖人ほどのお方は、これぐらいのことはすでにわかっておられたのではないかという人があろう。われわれは、聖人をかいかぶって、理想化し、神格化して、聖人は絶対まちがいない人というように偶像的に考えがちである。しかし、人は、どんな人でもいろいろなところでいろいろな失敗をするものではないのか。そういうことを知っておかなくてはならない。

蓮如上人の『御一代記聞書』三十五条。

一、順誓申しあげられ候ふ「一念発起のところにて罪みな消滅して正定聚不退の位に定る」と『御文』にあそばされたり。然るに「罪は命のあるあひだ罪もあるべし」と仰せ候。『御文』と別に聞え申候ふや」と申上げ候ふ時、仰に「『一念のところにて罪みな消えて』とあるは、一念の信力にて往生さだまる時は罪は障ともならず、されば無き分なり。命の娑婆にあらんかぎりは罪は尽きざるなり。順誓は早悟りて罪は無きかや。聖教には『一念のところにて罪きえて』とあるなり」と仰せられ候。「罪の有る無しの沙汰をせんよりは、信心を取りたるか取らざるかの沙汰をいくたびも〳〵よし。罪消えて御助あらんとも罪消えずして御助あるべしとも弥陀の御計なり。われとして計ふべからず、たゞ信心肝要なり」とくれ〳〵も仰せられ候ふなり。

曇鸞はすぐれた譬えをいっている。木に火がついて燃える。火は如来。如来の火が、煩悩の木の上で燃える。これを信という。火、木を離るることを得ず。木、火に焼かれて火となる。われわれの煩悩は、命のある限りなくならない。けれども、それが妨げにならない。火がついたならば、そのものもついに火になっていく。木が火になっていくように、煩悩のあくたもくたが南無阿弥陀仏と念仏になって、わが身は如来のお心、如来の廻向の働きたもう舞台となる。

失敗のすべて、罪とがのすべてが功徳の体となり、念仏になっていく。煩悩も、失敗も私の聞法、私の前進、私の進展の妨げにならない。これを「罪消えて御助あらんとも罪消えずして御助あるべしとも弥陀の御計なり」「罪は障ともならず」とある。罪障は功徳の体となり、念仏となる。だからいかなる障害も、念仏の妨げとならない。しかし、「命の娑婆にあらんかぎりは罪は尽きざるなり」。それが人間なのだ。

聖人は「悪性さらにやめがたし　こころは蛇蝎《だかつ》のごとくなり　修善も雑毒なるゆえに虚仮の行とぞなづけたり」（悲歎述懐和讃）と悲歎された。

この聖人のふかい懺悔はふかい信のあらわれである。人はみな「蛇蝎」のような悪性の心を一生もちつづけ、修善も自力中心の心を除いてはなし得ない存在であるのに、それに気付かない。信の成立だけがこのような自己にめざめるのである。

巻頭の文

正像末和讃には、草稿本、初稿本、それに文明本とあるが、初稿本によることで、一番聖人のおこころに添う教えをいただくことができると思う。そのことはすでにくり返し述べた。

初稿本では一番初めに文章がある。それを巻頭の文という。

般舟三昧行道往生讃に曰く

敬ふて一切往生の知識等に白さく、大きに須らく慚愧すべし。釈迦如来は実に是れ慈悲の父母なり。種々の方便をして、我等が無上の信心を発起せしめたまふ。

『般舟三昧行道往生讃』は、略して『般舟讃』といい、善導大師が著されたものである。「敬ふて白さく」、ここに善導大師の謙虚なこころがあらわされている。はるか下座に自らを置いて、「一切往生の知識等」、すなわち同行善知識、師主善知識に、「敬うて申す」というのである。

善導大師は、そういうこころが非常に行き届いた方で、二河白道のところにも、「又一切の往生人等に白さく」とある。今は「敬ふて白さく」となっている。「大きに須らく慚愧すべし」「慚愧」は「天に恥じ、地に恥ず」とも、「内に恥じ、外に恥ず」という意味であるともいい、お詫びすることをいう。これを「懺悔」という。大きな懺悔をわれらはしなければならないと言われた。「釈迦如来は実に是れ慈悲の父母なり。種々の方便をして、我等が無上の信心を発起せしめたまふ」。そこまでを聖人は引かれている。これが巻頭の文である。

この次には、「又、種々の方便を説きて、教門一にあらざるは、ただ我等倒見の凡夫のためなり」という文章がつづいている。聖人はこれは引いていない。しかし、さきの文にこういう文章がつづいていることを知っておくと、始めの文章が生きてくると思う。

聖人は、初稿本の正像末和讃の初めに、この善導の文を引かれた。その理由は、聖人がこの和讃のはじめにどうしても言いたいことがあったからであろう。それがこの巻頭の文になっている。

それは、ふかいふかい懺悔と感謝である。「一切往生の知識等に白さく、大きに須らく慚愧すべし」。皆さんに申しあげる、私は自分を省みてこころから懺悔しお詫び申したい。「釈迦如来は実に是れ慈悲の父母」であって、こんな私のために種々に善巧方便して無上の信心を起してくださった。私は、それに感謝したい。そのお慈悲は、「我等倒見の凡夫」、つまり顛倒の妄見を抱いた愚かな凡夫である私がお目あてであった。

この倒見の凡夫のために種々さまざまな教えを説かれたために、「教門一にあら」ず。あるいは定を説き、あるいは散を説く、そのほかいろいろな方便を説いてくださった。教えが多岐にわたっているのは、われら倒見の凡夫を救おうと努力してくださった方便の賜物である。こういう文章を始めに出された。

感謝と懺悔

ではなぜこれを出されたのか。まず慚愧である。慚愧は恥じる、詫びるということで、ほぼ懺悔と同じに使ってある。慚愧は懺悔とともにある。厳しくいうと、慚愧は懺悔とは違うと言うべきだが、善導大師は、だいたい懺悔と同じに使っておられるところが多い。例をあげると、

　この一身を尽し、命断して即ち安楽国に生ぜしむ。（中略）行者等、努力《ゆめ》努力《ゆめ》勤めてこれを行ずべし。常に慚愧をいだき仰いで仏恩を謝せよ。

これが『般舟讃』の終りのことばである。

聖人が引かれたのは、『般舟讃』の一番初めの文章で、その『般舟讃』の最後は、「一切往生の知識等」と同じく「行者等」に対し「ゆめゆめ勤めて、努力してこの道を行じてゆきたい」。そして、われらは「常に慚愧をいだき仰いで仏恩を謝せん」。ここを読むと、この人のおこころがわかる。

同じく『般舟讃』の中に、「釈迦の恩を慚賀せん」「慚謝釈迦恩」ということばがある。

「慚」は慚愧。「賀」は慶賀ともいうように喜ぶことである。謝は感謝である。

そうすると、この巻頭の文は、「敬ふて一切往生の知識等に白さく、大きに須らく慚愧すべし」と慚愧し、感謝するということが言いたいためにおかれた文ととってよい。釈迦如来はまことに、慈悲の父母である。慈父悲母として、私に無上の信心を教えてくださった。発起せしめてくださった。そこに、感謝、そして慚愧がある。それを言っているのである。

これについては『安心決定鈔』に次のようにいっている。

仏体よりはすでに成じたまひたりける往生をつたなく今日まで知らずして空しく流転しけるなり。

とあって、次に、

『般舟讃』には、「大に須らく慚愧すべし、釈迦如来はまことにこれ慈悲の父母なり」といへり。慚愧の二字をば「天にはぢ人にはづ」とも釈し、「自にはぢ他にはづ」とも釈せり。何事を「大にはづべし」といふぞといふに、弥陀は兆載永劫の間無善の凡夫に代りて願行を励まし、釈尊は五百塵点劫の往昔より八千返まで世に出でてかゝる不思議の誓願を吾等に知らせんとしたまふを、今まで聞かざることを慚づべし。（中略）今の他力の願行は、行は仏体に励みて功を無善の吾等にゆづりて、謗法闡提の機・法滅百歳の機まで成ぜずといふことなき功徳なり、この理を慇懃《おんごん》に告げたまふことを信ぜず知らざる事を、大に慚づべしといふなり。三千大千世界に芥子ばかりも釈尊の身命を捨てたまはぬ所はなし、皆これ他力を信ぜざる吾等に信心を発さしめんと、代りて難行苦行して縁を結び功を重ねたまひしなり、この広大の御志を知らざる事を、大にはぢはづべしといふなり。

われらが、弥陀、釈迦の御苦労を御苦労と知らず、そういうことは顧みもしないで虚しく今日まで過して来たことを、はずべしといっている。はずべしということは、本当に得べきことを得たからこそ言えるのである。

ここに聖人がこの時点で善鸞の問題を本当に受けとめておられたことがわかるのである。「苦悩の有情をすてずして　廻向を首としたまえ」る如来廻向の働きの領解は、曇鸞の教え。そして、法然上人の「はからいなし」「たゞ念仏して弥陀にたすけられまゐらすべし」の教示。これらはすべて、もとに帰せば釈迦の教えである。それを感謝せずにおられない。と同時に、今まではいわゆる如来無視、自己中心的で、現実の問題を受けとめることができず、はからっていた。それが私の実体である。それを慚愧、慚愧せずにはいられない。そこでこの思いを正像末和讃の一番初めにあげる。「私の思いはこの善導の教えのとおりである。私の心はふかい懺悔と感謝で一杯である。まことに釈迦弥陀は慈悲の父母」であった。聖人は正像末和讃の初めにこのようなこころを申された。
この文は浄土和讃にはない。高僧和讃にもない。ただ正像末和讃だけに巻頭の文として出ている。これは心していただくべきものであろう。
先にも申したように、正像末和讃にこそ、晩年の聖人のふかい懺悔と喜びがあり、ふかい感謝がある。このことがこの文から明らかである。文明本ではこの文章を除いているため、正像末和讃の真意がわかりにくいものになっている。この巻頭の文は除いてはならないものである。

結びの文

正像末和讃には、最後にもう一つ文章がある。これも、文明本には載っていない。これは、顕智上人が正像末和讃を写し終えられたときのものであり、「正応三年」(一二九〇)と記載されている。聖人が八十六歳でこの正像末和讃を書かれてから三十三年後の上人の文である。

涅槃経に言く
面如浄満月
眼若青蓮花

仏法大海水
流入阿難心

この『涅槃経』の経文が出ている（もう一文は省略）。これはもちろん書写し終った顕智上人の思いである。上人は、この時六十五歳であった。

この初稿本は、徹頭徹尾、顕智上人の筆になっている。この経文は、親鸞聖人が引かれたものではないが、非常に印象的である。

おもては浄満の月の如く、まなこは青蓮の花の若し、仏法大海の水、阿難の心に流入す。

私はこの正像末和讃をいただいて、ちょうど阿難が満ちたりた月のような釈尊のお顔を拝んで、澄んだ釈尊の御まなこを見たてまつったときのような気持である。そして説かれる仏法が大海の水のように弟子阿難の心に流入したように、私のこころに流入してくるのを感じている。そういう内容の文章がついている。

これは顕智上人の思いである。しかし、これを聖人のおこころとしていただいてみることもできよう。聖人もこの正像末和讃をつくられたとき、わが身の上に無上の信心を廻向し、いろいろの問題を解決してくださった如来の教えに対して、こころから懺悔と感謝の念を覚え、そのおこころを記された文ととることもできる。初めには『般舟讃』の文を述べ、最後にはこの『涅槃経』の文をもって、大海の水のように、如来の教えが私のこころに流入したと言われている。こういう経文で正像末和讃の初稿本の最後は結ばれている。このことをつけ加えておきたい。

夢告讃

草稿本と初稿本の違い

夢告讃は文明本では次のとおりである。

康元二歳丁巳二月九日夜　寅時夢に告げて云く

弥陀の本願信ずべし
本願信ずるひとはみな
摂取不捨の利益にて
無上覚をばさとるなり

初稿本によると、次のようになっている（傍点著者）。

康元二歳丁巳二月九日夜　寅時夢の告に云く

康元二年（一二五七）、聖人八十五歳の二月九日の夜。寅時、すなわち午前四時。旧暦ではあるが二月の午前四時といえばまだ暗い。そのとき夢のお告げにいわく。文明本の方は「夢に告げて云く」とあるが、初稿本の方は「夢の告に云く」、ここがちがっている。

弥陀の本願信ずべし
本願信ずる人はみな
摂取不捨の利益にて
無上覚おばさとるなり

この和讃には、かながついていない。文明本にはかながあるけれども初稿本にはかながない。そして左訓もない。聖人は他の和讃では漢字にはかなをつけ、むずかしい文字には、わけがらを書いて、皆がわかってくれるように、知ってくれるようにと配慮されている。けれどもこの和讃は、みんなにわからせるために書かれたものではない。みんなに理解してもらうためのものでもなく、ご自身のために、夢の告げにいただいたものをそのまま記されたのではなかろうか。かなも左訓もないのはそういうおこころであろうと思われる。このこと一つでも、この和讃は考えるべきところがある。すべての聖人の和讃の中でも、この和讃は非常に大きな特色をもつもので、聖人自らが教えを頂戴されたことを思わせられる和讃である。

さて、この和讃は、初稿本でも文明本でも一番先に出されている。これを夢告讃といい、ムゴウサンと読む。ムコクと読んでもいいのではないかと思うが、昔から呉音で読んでいる。一般にはこの夢告讃を出発点として以下正像末和讃を作られたのであると考えられているが、草稿本では、一番はじめではなく、三十六首目に出ている。

三本の正像末和讃の中では、草稿本が一番最初に書かれた。一部とはいえ聖人が自筆で書いてあるのはこの草稿本だけである。あとの初稿本は、全部、顕智上人の筆になっている。だからそれを顕智本とか高田本と言う。それには聖人の真筆は一つもない。

草稿本も全部で四十首のうち、はじめの九首だけが親鸞聖人の真筆であって、それをもってこれは国宝となっているといわれるが、十首目以下は、まったく筆が代っている。原本は高田派の専修寺に蔵せられていて、今日われわれは『親鸞聖人真蹟集成』(法蔵館)で見て、それを確かめることができる。

その表紙には覚然という名前が出ている。だから十首目以降は、おそらく覚然が、聖人のおっしゃったことを筆記したものである。したがって聖人の正像末和讃全体の真蹟本はない。草稿本は、なぜ途中で筆が代っているのかというと、八十五歳を過ぎてから聖人は目を患われた。「目も見えず候、何事もみな忘れて候」というお手紙があり、おそらくこの正像末和讃を書かれるころには、目がご不自由であったと思われる。このため覚然が代筆されたのであろう。

さきに述べたように草稿本では、「康元二歳丁巳二月九日」という文は、巻頭にはない。三十六首目にこれが出ている。

康元二歳丁巳二月九日の夜　寅時に夢の告に云く

弥陀の本願信ずべし

本願信ずるひとはみな

摂取不捨の利益にて

無上覚おばさとるなり

この和讃をゆめにおほせをかふりてうれしさにかきつけまいらせたるなり

正嘉元年丁巳壬三月一日

愚禿親鸞八十五歳書之

書きつけ「まいらす」は謙譲語。夢告に対する敬語である。前は康元二歳で後は正嘉元年となっているのは、康元という年号がこの年の三月で終って正嘉と代り、正嘉元年となった。丁巳は変らず同じ年であることを示している。「壬」というのは閏のことで、太陰暦の時には何年かに一度、閏の月がある。太陽暦では一年は三百六十五日と何時間かであるから、四年に一度二月二十九日をもうけて、その年を閏年として調整する。しかし昔は太陰暦だったので、この年は三月のあとにもう一度、閏三月というのがあったのである。その閏の三月一日にこれを書かれた。

『定本親鸞聖人全集』和讃編を見ると、その解説を担当した生桑完明氏は次のようにいっている。「この一首には、前後に説明が施されているが、本書の作製中に感得されたものと認むべきである」。つまり、すでに三十五首のべられたあとにこの和讃を書いているから、夢のお告げを被られた時にはすでに正像末和讃のご製作が進んでいたと考えるべきだ、と述べている。

しかし本当にそうかどうか。そこは検討を要するところである。専門の学者が言ったことがいつも正しいとは限らない。

私はこの説は誤りであると思う。聖人は夢のお告げを被って、それから正像末和讃をつくられたととるのが正しいと考える。

その理由の第一は、記されている年月日の検討である。夢告讃は草稿本の三十六首目に書いてあるから、そのときまでにすでに多くの和讃はできていた、という考え方には時間的な検討が欠けている。なぜなら、夢を見られたのは二月九日である。これははっきりしている。しかし草稿本にこれを書かれたのは「壬《うるう》（閏）三月一日」とある。二月九日と閏三月一日との間には時間がある。何日ぐらいあるか。それがはっきりはわからない。わかる方法もあると思うが、今は正確にはわからない。仮に二月が三十日近くあったとすると、二月九日から二月はあと二十日くらいある。それから三月が約三十日あったとすると、閏三月一日まで約五十日あるだろう。草稿本に夢告讃を書かれたのは、夢を見られて約五十日たった後である。この事実ははっきりしている。ただ五十日か四十五日かというような細かいところははっきりいえない。したがって多少はちがっているかも知れないが、あまり差はないだろう。約五十日というのは、当たらずといえども遠からずというところであろう。

余談になるが、私ども化学をやっている者は、百と九十五はちがうかというと、おおよそ同じと考える。五パーセントちがうが、五パーセントは誤差の範囲。だいたい十パーセントまでは許容できる。九十と百はちがうかというとだいたい同じと考える。世の中そのくらいのちがいは普通である。

五十日といっても四十五日かも知れないが、そのくらいは仕方ないとして、その五十日間に三十五首の和讃を作られたと考えることは決して荒唐無稽ではない。すなわち二月九日に夢のお告げを被って、五十日目にそれを草稿本に書いた。その間に三十五首の和讃ができていても何の不思議もない。したがって夢告讃を被ってから正像末和讃の作製をはじめ、五十日くらいたった後に夢告讃を書きしるした。こう考えても決してまちがいではない。

三十五首の内容

次に大事なのは、三十五首の和讃の内容である。夢告讃の前に三十五首がある。それが本当に夢のお告げを被ってからでなくてはできないような内容であるのかどうか。これらが夢のお告げを被って後にお作りになったものだと承認できるかどうか。もしできたなら、清書された時に、さきの和讃を夢告讃として一番はじめに移されたということがいえるだろう。

そこで始めの三十五首の内容をみてみよう。まず、草稿本の和讃のいくつかをあげてみる。

〔草稿本〕

第一首目

第二首目

〔文明本〕

二十五首目（草稿本の第一首が文明本では二十五首目にある）

五十六億七千万　弥勒菩薩はとしをへん

まことの信心うるひとは　このたびさとりをひらくべし

二十六首目

念仏往生の願により　等正覚にいたるひと

第三首目

第四首目

第五首目
弥陀の名号……信心
まことに……
第六首目

（中略）

第三十四首目

すなはち弥勒に同じくて　大般涅槃をさとるべし

二十七首目
真実信心うるゆへに　すなはち定聚にいりぬれば
補処の弥勒におなじくて　無上覚をさとるなり

（なし）

浄土和讃・高僧和讃をしめくくる最後の和讃にある
南無阿弥陀仏をとけるには　衆善海水のごとくなり
かの清浄の善身にえたり　ひとしく衆生に廻向せん

二十九首目
弥陀の尊号となへつゝ　信楽まことにうるひとは
憶念の心つねにして　仏恩報ずるおもひあり

三十首目
五濁悪世の有情の　選択本願信ずれば
不可称不可説不可思議の　功徳は行者の身にみてり

三十七首目

第三十五首目

第三十六首目

如来の作願をたづぬれば　苦悩の有情をすてずして
廻向を首としたまひて　大悲心をば成就せり

五十八首目

如来大悲の恩徳は　身を粉にしても報ずべし
師主知識の恩徳も　ほねをくだきても謝すべし

夢告讃

弥陀の本願信ずべし
本願信ずるひとはみな
摂取不捨の利益にて
無上覚おばさとるなり（夢告讃）

この夢告讃の摂取不捨の利益を具体的に表すと、現生に等正覚の位を得て弥勒と等しといわれるような世界に出されることをいう。弥勒は五十六億七千万の年を経て仏の位を極める。けれども、「まことの信心うるひとは　このたびさとりをひらくべし」。そこに摂めとって捨てたまわずという大悲がある。草稿本では初めにこの摂取不捨の利益というところが述べられている。第一首から第三首がそれである。これらは夢告讃をいただいて後につくられたといえる。

第四首目、第五首目、第六首目もまた、「本願信ずべし」という夢告をいただいて、「本願信ずる者」のおかれる世界を、「衆善海水のごとくなり」「仏恩報ずるおもひあり」「五濁悪世の衆生の　選択本願信ずれば　不可称不可説不可思議の　功徳は行者の身にみてり」と喜ばれた。これは、夢告讃をいただいて後に作られたものといえよう。

以下の和讃も同様であるがとくに第三十四首は、「如来の作願をたづぬれば　苦悩の衆生をすてずして」と、聖人のふかいふかい喜びがあらわされている。曇鸞大師のみ教えをいただいて特に喜ばれたのである。「苦悩の衆生をすてずして　廻向を首としたまひて大悲心おば成就せり」と、弥陀の本願を信ずる者の喜びがあふれている。そして、最後に、「如来大悲の恩徳は　身を粉にしても報ずべし　師主知識の恩徳も　骨をくだきても謝すべし」と、ご恩に報いずにはおかぬというおこころが満ちあふれている。

これらは、夢告讃をいただかれて後にできたもの、いや夢告讃をいただかれたからこそ、こういう和讃ができたのであると考えるのが正当であろう。これらの和讃ができたあとで夢を見られたという説は納得しがたい。

草稿本では夢告讃はたしかにこの三十五首の次にある。しかしこの三十五首の和讃は、二月九日夢告以来、約五十日の間に和讃を次々と書いてきて、閏の三月一日、どうしてもあの夢告讃をここに書いておきたい。夢のお告げが私の心の一番出発点にあって、これらの和讃がここからはじまった、それをどうしても書いておきたい、というおこころもちでここに記されたものと思う。

草稿本の夢告讃以後の和讃はどうか。これは五首あるが、夢告讃の次の和讃は、「真実信心の称名は　弥陀廻向の法なれば　不廻向となづけてぞ　自力の称念きらはるゝ」で、これも正像末和讃にある。あとの四つは、聖徳太子について述べられているのが二首。それから顕智上人の浄書された浄土和讃の巻尾についている和讃二首である。

以上、草稿本の構成と内容についてまとめると、

1　第一首から第三首までは、摂取不捨の利益。

2　第四首から第六首は「弥陀の本願を信ず」るもののよろこび。そして、以下、他力廻向の勝益。

3　第三十四・三十五首も、本願をいただいたもののよろこび。

したがって全首、夢告讃をいただいたのちに、夢告讃をよろこび、うれしさのあまり述べられたものということができる。

草稿本を作られた時、聖人は八十五歳であった。これを再治されたのは八十六歳であるから、あと約二十首を次々と作られて、そののち全体をまとめられる時に、はじめに、

『般舟讃』の文を引いて慚愧と感謝の心を表し、次に夢告讃を初めにおきかえて体裁を整えられた。同時に草稿本では「衆生」となっているのを「有情」とかえられた。

衆生というのは旧訳である。玄奘三蔵がインドから唐へ帰ってくるまでの訳本を旧訳という。衆生に対して有情は新訳である。『大経』も魏訳では全部衆生となっている。それが有情となっているのは新訳の『無量寿如来会』である。正像末和讃では『無量寿如来会』によって統一されて、衆生を全部有情にかえられた。そういうように聖人が再治された。

正像末和讃はこの夢告讃にはじまっている。草稿本の内容を検討してみると、「弥陀の本願信ずべし　本願信ずるひとはみな　摂取不捨の利益にて　無上覚おばさとるなり」という夢告讃にこの正像末和讃は端を発しており、ここを出発点としている。

考えてみると、「弥陀の本願信ずべし」、この和讃が正像末和讃の一番根本になる和讃である。「弥陀の本願信ずべし」というこの夢のお告げは、「摂取不捨の利益にて　無上覚おばさとる」という大いなる喜びの根源である。また、一方においては、「弥陀の本願信ずべし」という夢のお告げは、大きな悲しみを産んだ。それが愚禿述懐であり、愚禿悲歎述懐の根本である。「弥陀の本願信ずべし」と聞いて、このみ教えから遠く離れた、いわゆる二十願の世界に如来を無視して生きていた私の姿を、深く照らされて、慚愧し懺悔し悲しみ歎き、誠に申し訳ないことであると悲歎述懐の和讃を生んだ。これらの和讃の根源はいずれも夢告讃にある。夢告讃「弥陀の本願信ずべし」をいただいて正像末和讃と、愚禿述懐と愚禿悲歎述懐が生れた。正像末和讃が作られていった途中に夢のお告げがあったのではなくて、夢のお告げを被ってから、正像末和讃が作られたにちがいないと私は思う。

夢

康元二歳丁巳二月九日の夜　寅時に夢の告に云く

夢とは何か。夢がとりあげられて、和讃の根本になるようなことがありうるのか。夢まぼろしのごとくといわれて、実際でないのを夢というようだが、一体どうだろう。これについて『大智度論』（略して『大論』という）第六巻に次のように述べられている。

夢に五種あり、もしは身中調わず、
もし熱気多ければ則ち多く夢に火を見、黄を見、赤を見る。
もし冷気多ければ則ち多く水を見、白を見る。
もし風気多ければ則ち多く飛ぶを見、黒を見る。
また、また聞見する所の事を多く思惟し念うがゆえに則ち夢に見る。
あるいは天、夢を与えて未来の事を知らしめんとするがゆえに夢を見る。

『大智度論』は龍樹菩薩の作で、龍樹菩薩は『十住毘婆沙論』その他を著し、第二の釈迦と敬まわれ、真宗の第一祖と仰がれている方である。この龍樹は、夢についてこのように記されている。

一、身中調わず、すなわち体の不調が原因で、体に熱が多いと、夢に火を見て、黄色や赤いものを見る。

二、冷気、ひんやりとして体温が低ければ、そんな時には、水を見、白を見る。

三、風気多い時には飛ぶ夢を見、黒を見る。火を見たり水を見たり、いろいろな色を見る時は身中不調という。

四、いろいろなものを見、聞き、あるいはいろいろな事件に出会うと、ふかく考えそれをこころに憶うから、夢に出てくるという。

五、天与の夢。天は天人、神々。このような存在が夢をもって教えてくれることがあるという。

他の説もある（『善見律』）。

夢に四種あり。一には四大不和。二には先見。三には天人。四には夢想。福徳者は善夢。罪悪者は悪夢。

一には四大不和。仏教では古来地水火風をあげて、これを四大といった。この四つのものが体を構成している。それらが調和がとれず、不調な時に、夢を見る。

二には先見。事に先がけて夢を見る。後にあうこと、起ることに先んじて夢に見る。

三には、天人の与える夢。天人の形をとって告げる夢をいう。

四には、自分の思いが夢になって出てくる。

福徳のある人、よい人は善い夢を見、罪を犯し、悪を犯した人は悪い夢を見るという。

夢は仏教においてどのように評価されているか。親鸞聖人については、いろいろな夢が伝えられている。若い時の夢、たとえば、十九歳で磯長の聖徳太子御廟に参籠したときに見た夢、また二十九歳で六角堂にこもられて見た夢、そしてこの夢告讃の夢が有名である。

聖人以外にも、善導の夢、法然の夢がある。

善導はその昔、『観経疏』を作り、古今楷定をなさった。その疏を書く前に夢を見た、と述べている。はじめの日は、浄土が輝いている夢を見、玄義分の科文を書きはじめてからは夜ごとに僧の夢を見た。玄義というのは、一つ一つの文の意味でなしに、『観経』全体の奥ふかい意味を玄義という。その玄義をいくつかに区分して次々と明らかにしていく、その分類内容を科文という。玄義の科文をつくってゆくとき、毎夜一人の僧が現れて、それを教授されたとある。これを天与の夢というのであろう。これを書かれたお気持は夢への感謝の心であろう。玄義分は、自分の才能でできたのではない、自分の主観ではないということを述べられたものと思われる。

ついでに申すと、この僧は誰か。これについては法然が論じている。法然上人は、この僧は弥陀如来であると『選択集』の終りに書いている。しかし、私はそうは思わない。それはなぜか。弥陀は報身であり、報身如来は法であってものを言わないのが普通である。仏身には、法・報・応の三身があるが、ものを言うのは応身といって、この世に肉体をもって現れた人をいう。それでは一体誰か。私は道綽禅師だと思う。

善導は、菩薩とか高僧の説をほとんど『観経疏』にあげていない。それには考えがあり、『摂大乗論』を著した無着、『摂大乗論釈』を著した天親を祖師とする摂大乗論派の人たちが、念仏は唯願無行と反対するのに対して、善導は、この人たちが菩薩の論を信じて釈尊の仏説を信じないとこっぴどく反論された。こういう立場から、自分は論釈をほとんど引用せず、ただ仏説だけを『観経疏』に引かれているのが善導の特色である。それは善導の卓見である。しかし善導は道綽に育てられて『観経』の真意を伝えられた人であるから、『観経疏』のどこかに道綽のお徳をたたえ、感謝申しあげたいと思っておられたにちがいない。しかし本文では一言も道綽に触れていない。私は、善導はその疏の一番最後になって、『観経』全体の奥ふかい意味はすべて夢の中にあらわれた僧によって教えられたと記して、よき師道綽に讃辞を捧げられたのだと思う。

次は、法然上人の夢。これは『西方指南抄』に出ている。『西方指南抄』（中）に「法然上人御夢想記」がある。これは親鸞聖人が書かれたものだが、実に克明にかかれている。くわしく書かれているということは、親鸞聖人がそれを上人から詳しく聞き、またそれに関心をもたれたからであろう。

法然上人の夢に一人の僧が現れた。上は僧衣、下は金色にかがやいておられる。「あなたはどなたでございますか」と尋ねると、「自分は善導である」という。「何のためにおいでになったのでございますか」と尋ねると、「おまえ様が専修念仏をすすめてくださった。これはたいへん尊いことである」とおっしゃった。親鸞聖人はそれをねんごろに書きとめて、『西方指南抄』に残されている。

このように過去の聖者はそれぞれにふかい夢を見、夢で教えられている。龍樹は、夢の中には本当の夢があると言った。この夢告讃は、その本当の夢であり、天与の夢、霊告の夢、大いなるものから語りかけ、教えてくださった教えであると聖人はいただかれた。

信とは何か

「弥陀の本願信ずべし」とは強いおすすめである。誰がすすめたのかは書いていない。他の夢では観音とか聖徳太子とか書いてあるが、ここには何も書いていない。おそらく明らかでなかったのであろう。ただお告げだけがわかった。「弥陀の本願信ずべし」、信ずべしというのはおすすめであり励ましである。「親鸞よ。弥陀の本願を信じなさい。今こそ本願を信ずべきである」と。その前の年の五月に、先にも申したように善鸞義絶事件が起った。関東の教団の紛糾という大事件に遭って、ふかく心を痛められていた。そして何ヵ月間か、あれこれと思案されていたと思われる。そしてその十一月、いよいよ立ち直って、『二廻向文類』を著された。そこで曇鸞と法然上人の教えをいただきかえされて、「つくづくこの選択悲願を心得たまふべしと、南無阿弥陀仏」と領解されている。そして明年この夢のお告げの和讃を頂戴されれた。これはまずは自らの思いの表出であったと考えられる。同時にまた天与の教えといただかれたのではあるまいか。それゆえに人に教えるために書かれたというよりは自らのためのものといただいた。それがこの夢告讃であろう。

大事なのは弥陀の本願である。弥陀の本願を信ずる。その弥陀の本願というところに聖人の教えの中心がある。聖人の書かれたものは全部そこからはじまっている。『教行信証』の初めは、「竊に以みれば、難思の弘誓は難度の海を度する大船」。『歎異抄』の第一章は、「弥陀の誓願不思議にたすけられまゐらせて」。三帖和讃は一番はじめに、「弥陀の名号となへつゝ　信心まことにうるひとは……」。このようになっていて、弥陀の本願を信ずるというのが中心である。したがってまず本願について申すべきであるが、はじめに信ずるということについて述べておきたい。

信ずるということは、疑わないこと、信頼することである。したがって非常にわかりやすいことと思われるかもしれないが、さにあらず。本当の信を説明することは非常に難しい。わかりやすく言えば、一般的に言われる信は「教信行証」の信であるのに対して、ここでいう信は「教行信証」の信であるからである。

一般的にいう信というのは、キリスト教、創価学会、新興宗教など、浄土真宗以外は全部、「教信行証」の信である。教えを聞いてそれを疑わず、それを信頼する。その教えにはバイブルもあれば開祖の教えもある。それを信頼し、信用して、実行し、さとり、救いを得ようとする。

教……教えを聞いて
信……信頼して
行……実行して
証……さとりや救いを得る

そういう信が普通の信。キリスト教では信というのをFaith（フェイス）という。faithful（フェイスフル）というのは形容詞であるが、忠実な、誠実な、という意味である。教をかたく信じているのを忠実といい、誠実という。私が聖書に書かれた神のことばをふかく信頼する。そして忠実に実行していったならば必ず救いがあると信用する。これが普通の信である。一般の宗教はこの信が中心である。

このように信頼して実行すると本当に救われるのかというと、救われないこともある。救われることもある。それはあなたの信頼の強さ次第である。あなたの信頼とあなたの実行の程度によって、救われたり救われなかったりする。だから、一生懸命やらなければならない。一生懸命やると救われる、と教えられる。そのような信を、浄土真宗では、自力の信という。人間が心をふるい起して、疑いの心をすてて、信頼していくのを自力の信心という。「教信行証」の信である。

今いう「弥陀の本願信ずべし」の「信」は、これとまったくちがう。この信は、真実信心といわれる。また、他力の信ともいう。

この信は、「教行信証」の信である。この信を英語に訳すとどうなるか。これは訳しようがない。鈴木大拙師はかつて『教行信証』を英訳なさった時に、Faith と訳された。しかしこれはちがっている。Faith では訳しきれない。私が訳すならば、Shin と訳す。それでは訳したことにならないじゃないか。そう、訳しようがない。この信が外国にもあり、他の宗教にもあるのなら、訳すことができる。日本に犬がいる。アメリカにもいる。日本では犬といい、向こうではドッグという。これなら訳せる。ただしほえ方がすこしちがう。こちらではワンワンといい、向こうではバウバウという。信は向こうでは Faith。これはよくわかる。それをこちらでは自力の信という。自分で疑いの心をぬぐい去って信頼しようとする信は、「教行信証」の信とはちがう。教行信証の信は訳しようがない。教行すなわち、本願の教えの中にこもる如来の働きかけが私に至り届いて、生れるめざめ、それを信というのである。

教……本願の教え

行……教えの中にこもる如来の働きかけ（南無阿弥陀仏）

信……めざめ

証……救い・さとり

教行至り届いて信証を生ず。これは必ず救われる。その信に、救いとさとりがこもっているような信、それを他力の信という。如来の心が私の心となり、如来の働きが私の働きとなって救われるのを、教行至り届いて信証を生ずという。

信は弥陀の本願の教えを聞きひらいて生れるめざめである。弥陀の本願を信ずるとは、私が本願を信頼するのではない。疑わないのでもない。深い聞法と、徹底的に継続一貫した求道において、如来の本願が届いて、めざめが与えられる。それを信という。そのことを、「弥陀の本願信ずべし」と、教えられたのである。

曽我量深師は、この和讃を解釈して、「親鸞聖人は八十五歳の時に、痛烈なる打棒を蒙った。叱られたのである」といわれている。そういうように言ってよいものかどうか。最初は、どうかと思ったが、私は先生の書かれたこの所を何遍も何遍も読み返した。そしてとうとうそうかも知れないと思うようになった。もし、私を本当に叱ってくださる人がいるとすれば、その人に「汝、弥陀の本願にたちかえり、本願をさらに聞きひらいて、本願に生きぬけよ」と言われることだろう。これが本当のお叱りであり、最上の教えであり、私が頂戴しなければならない無上根本の痛烈な打棒である。この夢告はこのように非常に強い力を持ったみ教えである。ここから正像末和讃がはじまっている。

弥陀の本願

弥陀の本願ということを的確に経文に基づいてお話しするということは、大変なことであり、今はその十分な余裕がない。したがってここでは大略のことを申し上げるにとどめたい。

本願は本来の願。本来とは元からあるということ。人間が作ったものでない、後から足したものでない、本来備わっているものをいう。いわゆる願力自然と言うが、大きなものが、小さなものに対して願わざるを得ない、そういう願いを本来の願という。

その願は、「汝、大いなる世界に出でよ」、そういう願いである。これを弥陀の本願という。

大いなるものを如という。われらは有限、相対の小さい存在である。その有限、相対のわれらに対して、大きな世界はこれを無限、絶対という。その大きな世界にわれらを出すために、如なるものが如から来って小さな私に至り届いている。そういう私を如の世界に出そうとする願い、これを如来の本願という。

如来はわれらに至り届いて衆生われになろうとする。私に至り届いて私の信行となって、私を無限絶対なるものにしようとする。その願を弥陀の本願という。これが本当にわかるには、時間をかけてしっかり聞かなければならない。南無阿弥陀仏にはその〝私となろう〟とする如来の願いと働きがこもっている。弥陀の本願は、南無阿弥陀仏を聞きひらいて信心念仏の人を生み出すことにある。

教えの二つの働き

「弥陀の本願信ずべし」という教えは聖人にとって二つの意味をもって受けとられた。

一つは、「弥陀の本願信ずべし」という夢告を被った時、「そうだ、まことにそのとおりだ」といただかれた。それを信順という。「そのとおりだ。私はそうしなければならない」とそれに順っていく姿勢。それが第一である。

（正像末和讃五十八首）

信順　そうしなければならない。

(1)　私自身に立ちかえって

(2)　よき師よき友の教えを聞きぬこう。

弥陀の本願信ずべし
（夢告讃）

←・→

懺悔
（愚禿悲歎述懐三十三首）

私の現実の姿を照らされる。

(1)　私の邪見憍慢さ（諸有衆生の自覚を失っている）

(2)　聞く姿勢のなさ

(3)　よき師よき友から離れている。

もう一つある。それはこの教えが私を照らす鏡となって、現実の姿を映し出し、慚愧の念を起させることである。まことに私は弥陀の本願を信じていない。弥陀の本願から遠く離れている。私は高上りして、邪見憍慢、諸有衆生であるにもかかわらず、そのめざめから遠く離れている。聞其名号といただく姿勢がなく、よき師よき友から離れている。それを二十願の存在という。二十願の私が、「弥陀の本願信ずべし」というみ教えによって、明らかとなってくる。このように弥陀の本願は私を照らすふかい光であり、私を写し出す鏡であるといただいた。これが第二である。

真実の教えはこの二つの働きをもつ。一つはその通りにやらせていただきますと信順させる働き、もう一つは自己を懺悔させる働きである。

前の働きが、正像末和讃五十八首となり、あとの働きが、愚禿述懐、愚禿悲歎述懐三十三首となっている。「弥陀の本願信ずべし」の教えがそういう内容を生み出している。

摂取不捨の利益

宗教の内容には教、行、証がある。これは教理、行果ともいう。これらはどうしても欠かせない柱である。証とか果とかいうのは、さとり、あるいは救いのことである。この証の中に利益というものがある。

利益というのは現生における救いをいう。現実人生においてどういう利益があるか。そしてそのはてにどういう結果があらわれるか。それをあわせて証果という。後の方の、現実人生のはてにあるものを当益という。当は当然の意で、われわれがこの人生を尽くした時に、当然あらわれる利益を当生の益という。それまでにあらわれるものが現生の利益である。現生の利益の方を現益といい、その中心を摂取不捨の利益という。摂取不捨とは信の人をこの人生で摂めとって捨てたまわず、ということである。この具体的内容は何か。それが大事なところである。現益を正定聚になるといい、等正覚ともいう。当益は、無上覚をさとること。無上大涅槃をさとって仏となることである。このように現生と当生との二面に利益がある宗教を、二益法門という。一般の宗教はみな一益法門で、現生で利益があるが当生にはなく、反対に死後には天国に行くがこの世は凡夫というような宗教だけである。しかし二益法門はこれを実証することが大切であって、どう言われているかでなく、どう書いてあるかでなく、本人自身が二益を身に実証するということが大事である。

一般の宗教では利益といえば、病気が治るとか、金がたまるとか、願いがかなうとか、そういう現実的なことにとどまりがちである。摂取不捨の利益とは、病気が治るとか治らないとかにかかわらない。願い事がかなうかなわないにかかわらない。金がたまるとかたまらないとかいうことがまったく問題にならない。ただ念仏をよろこぶようになる。それを摂取不捨の利益という。仰ぎみる世界をもち、よき師、よき友を賜って、現生の利益と当生の証果がつながった安心の世界に出るのである。いわば証果の一部分がまずこの世に実現して、それがだんだんあらわになり、持続し、ついに仏果にまでなっていく。それを現益、当益ともに果として成就する二益法門という。

昔からこういう譬えでいわれている。

田植えをする。もみを発芽させて、苗を作って植える。だんだん大きくなる。すると、稲からとれるものが二つある。一つは米、もう一つはわらである。このうちわらはいつでもとれる。まだまだ稲としては生長の途中であっても、刈ってわらをとることはできる。これを現生の益という。稲が成熟した時にとれるものが米である。それを証果という。この米をとることが田植えの目的であるが、その時一緒にわらもとれる。わらはいつだってとれる。しかし、わらをとろうと思って稲を植えている人は一人もいないだろう。わらは本来の目的である米をとる時に、付随してとれるのであり、願わなくてもついてくるものである。それを利益という。

摂取不捨の利益というが、浄土真宗では利益を目的とはしない。利益は、ないのではない。あるのだけれども、それを目標にしない。それをめあてにしない。したがってそれを宣伝しない。もしもこの道に立ったら、わらの利益は自然にそなわっているのである。それを摂取不捨の利益という。その利益が続いていってついに最後に米の果を得る。それが当然であるから当益という。

利益と証果と二つある。これを二益法門という。他の宗教では、どちらか一つしかない。

それに対して、本願の教えは摂取不捨の利益が現実人生にある。さきほどの譬えでいうとこれはわらであり、「無上覚をばさとるなり」、これが米である。この区別が大事である。

現生十種の益

聖人は、「現生十種の益」と言われた。「現生」は現実人生、「十種」は十とおり、「益」は利益という意味である。これが摂取不捨の利益といわれるものの内容である。これは弥陀の本願の中におさめとられた、その時に生れるものである。『教行信証』の信巻末のはじめの方に述べられている。

金剛の真心を獲得する者は、横に五趣・八難の道を超え、必ず現生に十種の益を獲、何者をか十と為る。一には冥衆護持の益。二には至徳具足の益。三には転悪成善の益。四には諸仏護念の益。五には諸仏称讃の益。六には心光常護の益。七には心多歓喜の益。八には知恩報徳の益。九には常行大悲の益。十には入正定聚の益なり。

十とおりある。十ある利益を内容からみると三つに分けることができる。第一は、護られている。冥衆護持、私からはさだかに見えないけれども、天の神々、地の神々がいろいろの姿や形をとって護ってくれている。諸仏護念、具体的には諸仏とは、よき師であり、よき友であり、七高僧であり、親鸞聖人である。現実のわれらの師友である。この人たちに護り念じられている。心光常護は仏の加護のことをいう。十益の中でこの三つに護という文字がある。冥衆は目に見えない存在であり、諸仏はよき師よき友であり、弥陀は、摂取心光常照護といわれる如来である。

われらは護られている。何を護られているか。求道を続けていくことを護られている。いろんなお方のおかげを蒙って求道を続けていくことができる。私が聞法し、さらに進展をめざしてゆけるのは、たくさんの人のお護りとよき師よき友の護念とそして如来の心光常護によって護られているからである。

第二は、徳を与えられている。至徳具足の益をはじめとして、諸仏称讃、転悪成善、心多歓喜の益がこれである。至徳具足の至徳というのは、南無阿弥陀仏の徳をいう。その至徳が身に備わり、身につくのである。南無阿弥陀仏と念仏申すままに、何よりもすぐれた徳を与えられる。

第三は、仕事が与えられている。これは常行大悲と知恩報徳の益にあたる。常行大悲とは常に大悲を行ずる。具体的には一人でも多くの人に念仏の教えを伝えていき、念仏をすすめていく。それが大悲を行ずるということである。また、仏法のお役に立ちたいと思う。その働きを知恩報徳という。常行大悲とつながっている。

人は年をとってくると、私はもう何の役にも立たない。何もやる仕事がない。ただ死を

現生正定聚の益

- ○護られる（護持＝扶持）
  - 冥衆護持……神々、人々
  - 諸仏護念……よき師よき友
  - 心光常護……如来
- ○徳を与えられる
  - 至徳具足
  - 諸仏称讃
  - 転悪成善
  - 心多歓喜
- ○仕事が与えられる
  - 常行大悲
  - 知恩報徳

待つだけだということになりやすい。しかし念仏の人には、最後の最後まで仕事がある。仕事を与えられている。その仕事を常行大悲という。念仏申して自信教人信、自ら信ずるとともにいよいよ人に信を教える。そういう仕事が与えられている。

さらに言えば、前《さき》を訪い後を導くということが仕事である。前を訪いとは、いろいろ教えられている教えを訪ねること。後を導くというのは、後の人、子ども、孫、自分の孫でなくてもかまわないが、小さな子たちに働きかけて、その子たちが仏法を聞いてくれることを願うこと。前を訪い、後を導く、それが私の仕事となる。それが南無阿弥陀仏の働きそのものでもあるのである。南無阿弥陀仏をいただきながら生活するところに、現生十種の益がある。これらを体現して生きぬく人が現生正定聚という摂取不捨の利益の人である。

弥陀の本願信ずべし
本願信ずるひとはみな
摂取不捨の利益にて
無上覚をばさとるなり

本願をいただいていくと、まことにこのような生活を賜って、生きることができる。それを聖人は五十八首の正像末和讃をつくってよろこばれた。われらは聖人とともによろこび、「本当でございます、このような生活内容をいただき、ありがとうございます、聖人」と感謝する。そういう生き方が往生浄土の生活。これを如来の前なる生活という。ここに摂取不捨の利益がある。それが往生浄土の利益である。

このようにして、わが一生を尽し、この世におけるわが業を果して、ついに最後に「無上覚をばさとるなり」。これにまちがいがない。一点の疑いもない。そういう確証をいただいた。堅人はこのことをこの一首でおっしゃっている。

聖人はそれを夢のお告げにいただいて、まことにそうである、ありがたいことであるとよろこばれた。そこに正像末和讃が生れた。また、この夢告を受けて、愕然として自己を照らし出され、「南無阿弥陀仏、申しわけないことであります」と悲歎述懐された。こういうことが正像末和讃全体の大まかな内容であると思う。

あとがき

はじめの「晩年の親鸞」は、一九九三年十月、広島県福山の「歎異抄の会開催五周年記念」（松田正典教授主宰）の会座での記念講演を補筆したものであり、後の「正像末和讃を読む」は、それ以前に、茨城県稲田の西念寺で講演したものを中心にしている。なお、聖典の引用は、『定本親鸞聖人全集』（法藏館）と島地大等『聖典　浄土真宗』（明治書院）を原典とした。

私のささやかな聞法の歩みの源である先師住岡夜晃先生の鴻恩に深謝したい。

最後にこの書の刊行において多くの配慮を賜った広島大学松田正典教授、ならびにさまざまな点で御援助をいただいた法藏館池田顕雄氏の御厚情に対し深甚の謝意を表する。このお二人の御支援がなかったらこの書が世に出ることは恐らくなかったであろう。

一九九四年七月　　　　細川　巌

本書は、平成六（一九九四）年刊行の『晩年の親鸞』第1刷をオンデマンド印刷で再刊したものである。

著者略歴

細川　巖（ほそかわ　いわお）

大正８（1919）年、福岡市に生まれる。

広島文理科大学化学科卒業。福岡教育大学名誉教授。

理学博士。財団法人広島大学仏教青年会理事。

平成４年、勲三等瑞宝章を受ける。

平成８年、示寂。

著書に『十住毘婆沙論―龍樹の仏教―』『信は人に就く―唯信鈔文意講義―』（法藏館）、『蓮如上人御一代記聞書讃仰』（東本願寺）、『現代と仏教との対話』（共著、東海大学出版会）など。

新装版　晩年の親鸞

一九九四年　九月一〇日　初　版第一刷発行
二〇一九年一〇月二五日　新装版第一刷発行

著　者　細川　巖
発行者　西村明高
発行所　株式会社　法藏館
京都市下京区正面通烏丸東入
郵便番号　六〇〇－八一五三
電話　〇七五－三四三－〇〇三〇（編集）
〇七五－三四三－五六五六（営業）

装幀　山崎　登
印刷・製本　亜細亜印刷株式会社

ISBN 978-4-8318-6567-0 C0015

—新装版シリーズ—

唯信鈔文意を読む	信は人に就く	細川　巌著	二、三〇〇円
正信偈入門		早島鏡正著	一、三〇〇円
歎異抄講話①～④		廣瀬　杲著	各一、八〇〇円
観経のこころ	歎異抄の背景にある	正親含英著	一、五〇〇円
近代日本の親鸞		福島和人著	二、二〇〇円
正信偈の講話		暁烏　敏著	二、四〇〇円
親鸞の宿業観		廣瀬　杲著	一、八〇〇円